Humanistische Porträts

Die Reihe „Humanistische Porträts“ erinnert Menschen,
— die durch ihr Leben, ihr Reden, Schreiben, Handeln „Menschlichkeit“, „Bildung und Barmherzigkeit“ bewiesen, den Menschen „in die Mitte“ gestellt haben;
— die sich aus keinem anderen Grund für ihre Mitmenschen, für Menschenrechte und Menschenwürde eingesetzt haben, als weil sie Menschen sind: „der Mensch als Mensch“ (Cicero);
— die Ehrfurcht hatten vor der Natur und jeglichem Leben;
— die „Bildung“ nicht als Privileg, als Etikett für Eliten, als Mittel zum Ausschluss benutzten und humanitäre Praxis („Barmherzigkeit“) nicht als Mittel zur bloßen Linderung oder Verdeckung von Missständen, Ausbeutung, Repression;
— die dadurch gezeigt haben, dass ohne Humanität Humanismus nicht zu machen ist.

Diese Menschen gab und gibt es unter verschiedenen Namen, in allen Epochen und Regionen, in allen Klassen, Schichten, Geschlechtern und Berufen.

Ausdrücklich „Humanisten“ (italienisch: *umanista*) heißen sie seit der italienischen Renaissance (15. Jahrhundert); die Namen „Humanismus“, „Humanitarismus“ oder „humanistische Bewegung“ sind Prägungen der westeuropäischen Moderne (19. bis 20. Jahrhundert); das Grundwort *humanitas* (Menschheit, Menschlichkeit) ist römische Prägung des ersten Jahrhunderts v. u. Z.

Die „humanistische Perspektive“ bestimmt die Auswahl der Porträts, den „Sehepunkt“ und den Fokus der Darstellung.

Ein Porträt ist keine Biographie, keine umfassende, gleichmäßig ausführliche Erzählung aller Stationen des Lebens eines Einzelnen.

Ein humanistisches Porträt ist keine Heiligengeschichte, schafft keine Galerie von Vorbildern, keine Heldenschau, sondern ist anschauliche Charakteristik und kritisch. Es zeigt auch Irrwege und Missbrauch, Scheitern und Fehlentwicklung. Die Person, der „ganze Mensch“, seine Lebenspraxis und sein Werk, die vielfältigen weltanschaulichen Mischformen und die individuellen Synthesen bilden die Mitte eines humanistischen Porträts.

Berlin, 2024 — Die Herausgeber

Humanistische Porträts

Herausgegeben von

Hubert Cancik und Ralf Schöppner

Band 12

Bertha von Suttner 1900

Johann Georg Lughofer

Bertha von Suttner

(1843–1914)

Freidenkerin und Pazifistin

Königshausen & Neumann

Diese Monografie wurde an der Philosophischen Fakultät der Universität Ljubljana im Rahmen des von der Slowenischen Forschungsagentur finanzierten Forschungsprogramms »Intercultural Literary Studies« (P6-0265) verfasst.

Bibliografische Information der Deutschen Nationalbibliothek

Die Deutsche Nationalbibliothek verzeichnet diese Publikation in der Deutschen Nationalbibliografie; detaillierte bibliografische Daten sind im Internet über http://dnb.d-nb.de abrufbar.

Gedruckt auf säurefreiem, alterungsbeständigem Papier
Umschlag: skh-softics / coverart

Printed in Germany
ISBN 978-3-8260-8748-6
eISBN 978-3-8260-8749-3
www.koenigshausen-neumann.de

Inhalt

1. Einleitung

Abb. 1: Suttner-Briefmarke 2005

Die Pazifistin Bertha von Suttner (1843–1914) lebt als Ikone weiter: Nur sie schaffte es neben Mozart, auf der Schillingnote und auf der österreichischen Euromünze abgebildet zu werden. Suttners Porträt auf den Zwei-Euro-Münzen könnte sogar als Aufwertung gesehen werden, denn diese wandert durch weit mehr Hände als die alte Tausend-Schilling-Note, die ehemals ihr Konterfei geziert hat; dazu ist sie das teuerste Zahlungsmittel mit nationaler Prägung.

Würdigungen in deutschsprachigen Ländern konnte sich die Nobelpreisträgerin nur von der Nachwelt erhoffen; zu Lebzeiten erfuhr sie dort keinerlei offizielle Ehrungen. So tröstete sie ihr Mitarbeiter Alfred Hermann Fried zu ihrem 70. Geburtstag: „In der Gegenwart werden Sie dadurch ausgezeichnet, daß Sie Ihr Vaterland, das die kriegsgeldborgenden Bankiers adelt, nicht auszeichnet, daß die Stadt, in der Sie wohnen, die Sie zieren und die den Mechaniker Schneider [=einen der radikalsten christlichsozialen Antisemiten] zum Ehrenbürger ernannt hat, [… Sie] nicht ehrt […]. Aber dessen mögen Sie sicher sein: auch Wien wird einmal seine Bertha-von-Suttner-Straße haben, sein Suttnerdenkmal.“[1]

Damit sollte Fried nur teilweise Recht behalten. Ein Denkmal von Siegfried Charoux aus dem Jahr 1959 existiert zwar im vierten Wiener Gemeindebezirk. Als Suttnerdenkmal wird es allerdings nur von Kennern erkannt; vulgo gilt es als „Mutter mit zwei Kindern“. In ebendiesem Bezirk Wieden hieß übrigens der heutige Rilkeplatz zwischen 1919 und 1938 sowie zwischen 1945 und 1957 Suttnerplatz. Dass den Nationalsozialisten der Name nicht genehm war, ist einsichtig. Doch warum nach dem Ende der Besatzung in Wien der Name der Friedensnobelpreisträgerin gestrichen wurde, ist weniger nachvollziehbar.

Gerade in Wien, ihrer vorrangigen Wirkungsstätte, sucht man heute vergeblich eine Bertha-von-Suttner-Straße oder einen Suttnerplatz. Finden wird man ein Gässlein ihres Namens in der Vorstadt Kagran irgendwo zwischen Gewerbe- und Sportflächen. Anders gestaltet sich übrigens die Situation in Deutschland, wo nicht nur

Abb. 2: Bertha-von-Suttner-Denkmal in Wien

Schulen, sondern auch wichtigere Straßen in Städten wie Nürnberg, Köln, Göttingen, Potsdam, Wiesbaden, Bremen, Saarbrücken und in Berlin-Schöneberg nach Suttner benannt wurden. In Düsseldorf, Hamburg, Bonn und Hannover existiert sogar je ein Bertha-von-Suttner-Platz.

So erfreulich das öffentliche Gedenken auch sein mag: Diese symbolischen Ehrerbietungen finden wenig Entsprechung im öffentlichen Diskurs. Eine lebhafte Debatte über diese Galionsfigur des Pazifismus fehlt gänzlich. Auch nach der Erschütterung der europäischen Zivilisation durch zwei Weltkriege und einen Krieg, der seit 2022 wieder mitten in Europa stattfindet, erhält sie wenig Anerkennung. Ihren Texten und Ideen wird im schulischen Kanon, in der akademischen Welt sowie beim Lesepublikum wenig bis keinerlei Aufmerksamkeit geschenkt. Ihre Bücher sind in der großen Mehrheit nicht einmal erhältlich.

Dieses „Humanistische Porträt“ soll darum eine Übersicht über die vielen Facetten der Person, des Denkens und des Werks Bertha von Suttners bieten und dabei ihr zutiefst humanistisches Streben und Wirken in den Mittelpunkt stellen. Ihr Wegbegleiter und Nachlassverwalter Alfred Hermann Fried (Friedensnobelpreis 1911) brachte ihr bekanntes Verhältnis zur Friedensarbeit auf den Punkt: „Sie waren so innig eins miteinander geworden, die Bewegung und die Frau, daß die Bezeichnung für beide beinahe synonym geworden ist.“[2] Doch neben ihrem internationalen Friedensengagement und ihrer Anregung zur Einführung der Nobelpreise kämpfte sie entschlossen und scharfsinnig gegen Intoleranz und für die Gleichberechtigung von Geschlechtern und Klassen, voller Kritik am Klerikalismus, Nationalismus und Antisemitismus, den sie früh als größtes Übel begriff. Mit ihrem Mann gründete sie sogar 1891 einen „Verein zur Abwehr des Antisemitismus“. Auch in Fragen des Antimilitarismus betrat sie ideenhistorisches Neuland – nicht zuletzt mit Ideen zur Erziehung, zu Schiedsgerichtshöfen oder einem vereinten Europa.

Es tut not, sich heute auf diese Ideale zu besinnen.

2. Das Leben der Bertha von Suttner – Perspektiven

2.1 Die junge Komtesse Kinsky

Auch wenn manche Biograf*innen betonen, dass Bertha von Suttner aus gar nicht so glamourösen Anfängen ihre erstaunliche Karriere machte, wurde sie doch in die absolut privilegierte Schicht des Adels geboren. Ihr Vater entstammte der Hocharistokratie der böhmischen Familie Kinsky, als Drittgeborener allerdings ohne riesiges Vermögen, was Brigitte Hamann aus Suttners Perspektive als „unauslöschlichen Makel"[3] bezeichnet. „Hoffähig" war Bertha, Gräfin von Kinsky, jedenfalls nicht. Als Autorin und Denkerin war es im Österreich des 19. Jahrhunderts jedoch ein größeres Hindernis, eine Frau zu sein.

Bertha Kinsky wurde nicht wie andere Kinder ihres Standes und ihrer Zeit in einer Klosterschule erzogen, sondern sie lernte in ihrer Jugend in Brünn, später in Wien und Klosterneuburg nach Gutdünken der Mutter und des Vormundes – ihr Vater war vor der Geburt gestorben – die Fremdsprachen Englisch, Französisch und Italienisch mit Gouvernanten aus verschiedenen Ländern. Schon als Kind war sie nach eigenen Aussagen in der Literatur höchst bewandert, zeigte sich im Klavierspielen talentiert. In ihren Memoiren bezeichnete sie sich scherzhaft als zehnjähriges Wunderkind.[4]

Doch ein Studium kam nicht in Betracht, denn in der Habsburgermonarchie war Frauen der Hochschulbesuch zu dieser Zeit noch untersagt. Bertha von Kinsky ließ sich aber nicht abhalten und studierte privat Philosophie und Naturwissenschaften. Ihr Bildungsniveau hob sich so von dem ihrer Geschlechtsgenossinnen stark ab. Internationale Grenzen wurden ihr keine gesetzt, sie kannte keine Sprachbarrieren und befasste sich mit Denkern und Debatten anderer Länder. Dabei lernte sie einige in der Tradition der Aufklärung stehende, darunter antiklerikale Denker intensiv kennen.

Musikalische Studien pflegte sie in französischer und italienischer Sprache. Ihr Gesangsstudium führte sie sogar mehrmals ins Ausland, darunter längerfristig zu Lehrern in Mailand und Paris. Doch nachdem sich ihre Hoffnung auf eine Karriere als Operndiva zerschlug und mehrere Verlobungen scheiterten, trat Kinsky 1872

Abb. 3: Bertha von Suttner 1860er Jahre

als Gouvernante und Gesellschafterin der vier jugendlichen Töchter im Haus des Steinbruchunternehmers Baron Karl von Suttner in Wien und Harmannsdorf ein, wo sie Sprach- und Musikunterricht erteilte. Dort sollte sie Arthur Gundaccar von Suttner, den jüngsten Bruder ihrer Schützlinge im Baronshaus, kennen und lieben lernen, was drei Jahre im Geheimen blieb. Die Verbindung wurde von seinen Eltern missbilligt: Bertha von Kinsky war sieben Jahre älter und eben aus verarmten Verhältnissen.

2.2 Die Netzwerkerin und Autorin

Bertha von Suttner galt Zeit ihres Lebens als begnadete Briefschreiberin. Schon als Kinder schienen sie und ihre Cousine Elvira an bedeutende Korrespondenzpartner gewöhnt: In ihren Memoiren tauchen diesbezüglich internationale Größen wie Victor Hugo, Alessandro Manzoni und Charles Dickens auf. Die Mädchen schickten offensichtlich gut formulierte und kluge Kontaktbriefe, damit sie eine freundliche Antwort von diesen Prominenten erhielten.

Das Gespür für Korrespondenz hat sie zeitlebens nie verlassen. Nachdem die Affäre der Gouvernante Bertha von Kinsky mit Arthur bekannt wurde, zeigte ihr seine Mutter angeblich eine Stellenanzeige für eine Privatsekretärin in Paris – bei niemand Geringerem als Alfred Nobel, wie sich später herausstellen sollte. Auch hier konnte die Briefschreiberin Bertha von Suttner überzeugen: Nach der Korrespondenz – nicht zuletzt über Literatur – holte Nobel seine neue Sekretärin 1876 vom Bahnhof selbst ab und reservierte ihr mehrere elegante Hotelzimmer im Grand Hotel am Boulevard des Capucines.

Obwohl aus der Bekanntschaft mit Nobel eine lebenslange Freundschaft werden sollte, in der beide sich gegenseitig beeinflussten, blieb Bertha keine zwei Wochen und verzichtete auf die Sekretärinnenstelle in Paris, eventuell sogar auf eine „Romanze“, wie Hamann meint,[5] und entschied sich für ihre Liebe zu Arthur. Trotz der Opposition seiner Eltern heiratete das Paar heimlich 1876 und zog sich daraufhin für fast neun Jahre bis Mai 1885 nach Georgien in den Kaukasus zurück. Bertha von Suttner kannte aus ihrer Jugendzeit von Aufenthalten in mondänen Kur- und Spielstätten bzw. in Paris die Fürstin von Mingrelien, die sie zu

Abb. 4: Alfred Nobel

einem Besuch einlud. Nach einem kurzen Aufenthalt in der fürstlichen Sommerresidenz in Gordi lebte das Paar in Kutaissi, Gori, Sugdidi und später in Tiflis. Bertha unterrichtete Musik und Französisch bei adeligen Familien, Arthur Deutsch. Er versuchte sich daneben auch als Bauaufseher, Holzhändler, Architekt und – erfolgreich – als Kriegsberichterstatter vom Russisch-Türkischen Krieg, scheinbar ohne dem Konflikt allzu nahezukommen. Bertha von Suttner sollte ebenso bald Feuilletonbeiträge in österreichischen und deutschen Blättern unterbringen – und zwar für die auflagenstarke *Gartenlaube*, wo ihr Romanerstling *Hanna* (1882) in Fortsetzungen erschien. Die schwierige Zeit wird in Suttners Memoiren wohl schöngefärbt. Überhaupt sammelte Suttner bewusst Dokumente und schrieb ihr Tagebuch auch für die Nachwelt. Die Quellenlage zu ihrem Leben ist daher gut, doch auch bewusst gelenkt.

Freunde fanden die beiden vorwiegend unter den internationalen Gästen. Ihre liberale und offene Einstellung wurde durch die ausgeprägte Multikulturalität in Georgien verstärkt, die sich auch in einer sehr toleranten Haltung gegenüber den verschiedenen Religionen zeigte.

Mit aller Kraft bauten die Suttners Beziehungen zu Redaktionen und Autoren im westlichen Europa auf. Sie stellten sich in ersten Briefen als Kolleg*innen vor, erzählten ein wenig über ihr Leben, brachten aber vor allem – meist recht originell und geistreich – ihre Hochachtung für die Arbeit des Empfängers zum Ausdruck. Dabei korrespondierten die Suttners auch mit internationalen Schriftstellern wie dem antiklerikalen und von Nietzsche begeisterten Dänen Georg Brandes.

Nach Österreich kehrten sie 1885 als anerkannte Autor*innen heim, die sich ein selbstständiges Dasein aufgebaut hatten. Zurück in Europa verbrachte das Schriftstellerpaar den Winter 1888 in Paris, wo es von Alfred Nobel in berühmte Salons eingeführt wurde und zum ersten Mal von der Existenz einer organisierten Friedensbewegung erfuhr. Doch schon bald sollte sich den Suttners ein internationales Netzwerk eröffnen – zur Londoner Friedensgesellschaft unter Hodgson Pratt, zur französischen unter Frédéric Passy (Friedensnobelpreis 1901) und auch zu Pazifist*innen in Italien, Dänemark, Deutschland und vor allem Amerika.

All diese internationalen Kontakte bestimmten ihr Denken. Schon früh verfolgte Suttner internationale Zeitungen sowie die wissenschaftlichen Debatten ihrer Zeit. Nicht ganz zufällig erschien wohl ihr bekanntester Roman *Die Waffen nieder!* genau hundert Jahre nach der Französischen Revolution.

2.3 Der Hybridroman *Die Waffen nieder!* (1889)

Für den heute vielleicht bekanntesten pazifistischen Tendenzroman war es zunächst nicht leicht, einen Verlag zu finden – es werden nämlich die Gräuel der Schlachten und die Leiden der Daheimgebliebenen ausgerechnet aus der Sicht einer weiblichen Protagonistin explizit geschildert. Edgar Pierson in Dresden erklärte sich aber bereit, das Buch zu veröffentlichen.

Abb. 5: Hybridroman *Die Waffen nieder!* (Nachdruck 2015)

Das Werk zog Persönlichkeiten wie Alfred Nobel oder Peter Rosegger in seinen Bann. 1905, im Jahr der Verleihung des Friedensnobelpreises an Suttner, ging ihr Buch in die 37. deutsche Auflage. Dazu war es adaptiert in verschiedensten Zeitungen veröffentlicht worden – vom *Stuttgarter Beobachter* über eine Kinderzeitung bis zum sozialistischen *Vorwärts* von Wilhelm Liebknecht. Es wurde in fast alle europäischen Sprachen übersetzt – darunter nicht weniger als fünf verschiedene Übertragungen ins Russische –, wurde 1913 verfilmt und sogar in Amerika ein Bestseller: ein einmaliger Fall in der deutschsprachigen Literatur des 19. Jahrhunderts.

Die Aktualität der Fragestellung spielte bei dem Erfolg wohl mit, denn das 19. Jahrhundert war bei Weitem nicht so friedlich, wie es im Vergleich zur blutigen ersten Hälfte des 20. Jahrhunderts erscheinen mag: erste moderne Kriege wie auf der Krim, das Risorgimento in Italien, in dem um die nationale Vereinigung ebenso gerungen wurde wie in den Kriegen vor der deutschen Einigung

1871, Militarismus, Aufrüstung, technische Waffenentwicklung, Uniformfetischismus und Verehrung von Kriegshelden prägten das Jahrhundert. Spannungen zwischen Frankreich und Deutschland sowie Russland und Österreich-Ungarn machten die Frage von Krieg und Frieden höchst aktuell. So schrieb denn auch Leo Tolstoi: „Der Abschaffung der Sklaverei ging das berühmte Buch einer Frau voraus, der Mrs. Beecher-Stowe; Gott gebe, daß die Abschaffung des Krieges durch das Ihre geschehe."[6]

Im Roman erzählt Martha Gräfin Althaus, die Tochter eines Generals der österreichischen Armee, als reife Frau ihren Weg zum Pazifismus vor dem Hintergrund der deutschen Einigungskriege. Mithilfe ihrer Tagebücher und Dokumente erinnert sie sich an ihre jugendliche Kriegsbewunderung und erkennt die Geschichtsschreibung und -lehre als deren Quelle. Nach der frühen Hochzeit mit dem Husarenleutnant Graf Arno Dotzky fahren sie zu Flitterwochen nach Italien. Ausgerechnet territoriale Streitigkeiten um italienische Gebiete entfachen einen erneuten Krieg Österreichs gegen Sardinien und Frankreich 1859. In Martha regen sich erste Zweifel an der Sinnhaftigkeit des Krieges, als ihr junger Gatte und nunmehriger Vater ihres Sohnes fällt. Nach vier Jahren Trauer lernt die Gräfin den preußischen Oberstleutnant Baron Friedrich Tilling im österreichischen Dienst kennen. Nicht zuletzt dessen kriegskritische Einstellung fasziniert Martha und sie verlieben sich. Die Hochzeitsreise führt die beiden dann nach Berlin und in weitere deutsche Städte, wo sie reizende Verwandte Tillings besuchen. Preußen und Österreich führen 1864 gegen Dänemark wegen der Zugehörigkeit Schleswig-Holsteins einen Krieg. Martha recherchiert zur Geschichte Schleswigs, stößt auf verworrene Gesetze und Vereinbarungen, die im Roman im Detail dargelegt werden,[7] und merkt, wie relativ doch Recht und nationale Zugehörigkeit hier sind. Jedenfalls siegt die preußisch-österreichische Allianz in mehreren Schlachten. Martha steht größte Ängste um ihren Mann aus, der in Briefen eindringlich von den Gemetzeln und Gräueltaten des Krieges berichtet. Sie verliert ihr ungeborenes Kind – und als Kriegsfolge mit dem Niedergang der Bank ihr gesamtes Vermögen.

Bald darauf spitzt sich die Lage zwischen Österreich und Preußen zu. Mit einem stehenden Heer von 800.000 Mann zeigen sich die Österreicher selbstbewusst, die ehemals verbündeten Preußen werden nun verachtet und in österreichischen Zeitungen aufgrund ihrer Volksarmee nur noch als „arrogant“ und als „Schneidergesellen“[8] verunglimpft. 1866 werden schließlich Österreich und Bayern aufgefordert, den von Preußen angegriffenen Hannoveranern und Sachsen beizustehen. Wieder reflektieren Briefe von Friedrich das Elend der Soldaten im Kampf, beispielsweise berichtet er von Wehrmauern aus toten und scheintoten Soldaten[9] oder beschreibt unmissverständlich die Schrecken des Krieges: „Der Mann sitzt noch im Sattel, aber ein Granatsplitter hat ihm den Unterleib auf- und alle Eingeweiden herausgerissen. Sein Oberkörper hält mit dem Unterkörper nur noch durch das Rückgrat zusammen – von den Rippen zu den Schenkeln ein einziges, großes, blutiges Loch. Eine kleine Strecke weiter fällt er herab, bleibt mit dem Fuß im Bügel hängen, und das fortrasende Pferd schleift ihn auf dem steinigen Boden nach.“[10]

Nach der entscheidenden, blutigen Schlacht von Königgrätz (1866) fehlt jede Nachricht von Friedrich. Martha entschließt sich, ins Kriegsgebiet nach Böhmen zu fahren – in der Überzeugung, dass ihr sterbender Mann nach ihr verlangt. Ungekünstelt schildert Martha Althaus dabei die Verletzungen und Verstümmelungen, zum Beispiel bei einem Verwundetentransport in Wien: „Vor meine Füße auf dem Platze, wo ich auf einer Kiste saß, legten sie einen hin, der unausgesetzt ein gurgelndes Röcheln ausstieß. [...] Das war kein menschliches Angesicht mehr – der Unterkiefer weggeschossen, ein Auge herausquellend ... dazu ein erstickender Qualm von Blut- und Unratgeruch.“[11] Die zartbesaitete Martha kann nicht an der Front helfen. Vom Besuch der Schlachtfelder berichtet die Protagonistin aber umso eindringlicher und dekonstruiert gnadenlos den Topos vom schönen Soldatentod: „Der Verwesungsgeruch, der von diesen toten Körpern aufstieg, war es, der mich aus dem Schlaf gerissen hatte. Als wir vorbeifuhren, hob sich ein dichter Schwarm von Raben und Krähen kreischend von dem Leichenhaufen empor, flatterte eine Zeitlang – wie schwarzes Gewölk gegen den hellen Himmelshintergrund – und ließ sich dann wieder zum Schmause nieder ...“[12]

Suttners Leichen schmausende Raben, unerträglicher Totengestank, sich in offene Wunden einfressende Mücken und Würmer oder die Verwundeten, die „unter Toten und Halbtoten, teilweise seit Tagen in ihrem eigenen Kot lagen“,[13] sind nicht nur ein früher Ausdruck einer nach Authentizität strebenden Frontliteratur, sie nehmen auch naturalistische und expressionistische Schreibweisen der Kriegs- und Nachkriegszeit vorweg.

Friedrich kommt mit einer leichten Verwundung davon. Er ist aber seinem Cousin im feindlichen preußischen Lager auf dem Schlachtfeld begegnet, der ihn verschont hat, dafür aber selbst getötet wurde.

Daraufhin quittiert Friedrich den Dienst, und das Paar widmet sich nun der Friedensarbeit und dem Studium des Völkerrechts. Auf ihrem Gut im Waldviertel, wohin sich die beiden zurückziehen, fürchtet man sich vor der Ankunft der Preußen. Die einquartierten Soldaten erweisen sich aber als höchst angenehme Mitmenschen. Doch die Cholera wütet als Kriegsfolge im Land; die Sterbeglocke hört in der kleinen Stadt gar nicht mehr auf zu läuten – auch Marthas Familie ist betroffen; am Sterbebett verflucht schließlich sogar ihr Vater, der immer die ideologische Kontrastfigur zum pazifistischen Paar war, den Krieg.

Martha und Friedrich überleben und ziehen mit ihren Kindern nach Paris, wo sie nun die Stimmungsmache gegen die Preußen erleben müssen. Kriegsbegeisterte Proklamationen, Armeebefehle und entsprechende Manifeste häufen sich und münden in den Deutsch-Französischen Krieg von 1870/71. Die Franzosen nehmen den Feind lauthals als „Barbaren“ wahr, und so entlarven diese und viele weitere Zuschreibungen und Stereotype über die Deutschen – die in Österreich ganz anders geartet waren – die Relativität und Beliebigkeit der Vorurteile. Marthas Entscheidung – „Fort, fort! [...] wozu unter Leuten leben, die von keinen anderen als Haß- und Rachegedanken erfüllt sind, die uns mit scheelen Blicken und oft mit geballten Fäusten betrachten, wenn sie uns deutsch reden hören?“[14] – kommt zu spät: Friedrich wird infolge eines bei ihm gefundenen Briefes aus Berlin der Spionage verdächtigt und standrechtlich erschossen.

Auf der thematischen und sprachlichen Ebene leistete Suttner mit diesem Roman in der Kriegsrepräsentation Pionierarbeit. Geschickt dekonstruiert sie den kriegerischen Heroismus und die dahinterstehenden Männlichkeitsbilder, wie zum Beispiel mit dem Motiv der Entmannung von Soldaten im Gefecht. Die Erzählerin schockiert ihre Tante – und wohl viele Leser*innen ihrer Zeit –, als sie vor den Mädchen der Familie den Widerspruch benennt, wenn Soldaten, „die im Namen des Mannesmuts, der Mannszucht und der Mannesehre in den Krieg getrieben, von dort zurückkehren müssen, ihrer Mannheit auf ewig beraubt"[15].

Die gewählte Romanform einer vorgeblichen Autobiografie, dazu eine diskursorientierte Bildungs-, Familien- und Liebesgeschichte inklusive Montagen von politischen und sozialen Reflexionen, Gedichten, Briefen sowie Diskussionen, historischen Zeitungsausschnitten, politischen Reden, Daten, Fakten und Dokumenten – ermöglichen eine gesellschaftliche und politische Analyse der Zeit.

Dabei hat die Autorin wohl auch aus der Not eine Tugend gemacht, denn publizistisch wurden Frauen in die Bereiche der Trivialliteratur und der Vereinszeitschriften abgedrängt. So beließ sie sentimentale Aspekte in ihren Texten, verzichtete aber nie auf Reflexion und Interpretation. In *Die Waffen nieder!* ist tatsächlich auch die Rede von silberfunkelnden Teichen und von mildem Mondlicht, das laue Sommernächte durchflutet.[16] Doch diese Darstellungsweise entwickelt sie als Kontrastfolie zu den Schrecken des Krieges. Außerdem reichert sie den Roman nicht nur mit Fachbegriffen wie „Internationale Schiedsgerichtsbarkeit" und „Völkersolidaritätsprinzip" an, sondern mit im Kontext recht stimmigen neuen sprachlichen Ideen, zum Beispiel mit Komposita wie „Schlachtfeldhyäne" oder „Salonturteltauben-Manöver".

2.4 Die Friedensaktivistin

Der Roman machte Suttner zu einer prominenten Persönlichkeit der Friedensbewegung. Der kommerzielle Erfolg des Buches erlaubte dem Paar den Winter 1890/91 in Venedig zu verbringen. Mit ihrem internationalen Freundeskreis halfen sie bei der Gründung einer Friedensgesellschaft in der Lagunenstadt. Bald darauf folgte die Gründung einer österreichischen Friedensgesellschaft am 30. Oktober 1891 mit 2.000 Mitgliedern, deren Präsidentin Suttner bleiben sollte. Für die Sache sprang Suttner des Öfteren über ihren Schatten und wurde prominenten Zeitgenossen durchaus lästig, beispielsweise drängte sie Johann Strauß (Sohn) – allerdings erfolglos – zur Komposition eines „Friedenswalzers".[17]

Selbst bei der Gründung der Deutschen Friedensgesellschaft 1892 war sie maßgeblich beteiligt. Sie nahm bei vielen internatio-

Abb. 6: Bertha von Suttner 1896

nalen Friedenskongressen an wichtiger Stelle teil und absolvierte Lesereisen.

In Österreich-Ungarn konnte sie die mentalen nationalen Grenzen mit ihrer pazifistischen Einstellung und ihrem Engagement oftmals überwinden. Nicht nur die Gründung des Wiener Friedenvereins verantwortete sie; sie war auch Geburtshelferin der pazifistischen Vereinigung in Budapest 1895. Schon im darauffolgenden Jahr fand der Internationale Friedenskongress in Budapest statt. Suttners dortige Kongressrede zeugt vor dem Hintergrund der Multinationalität Österreich-Ungarns einmal mehr von ihrer Internationalität, denn sie hielt die Rede in französischer Sprache, da sie zu ihrem Bedauern des Ungarischen nicht mächtig war. Doch auch in ihrer Geburtsstadt übersprang sie nationale Grenzen, indem sie bei einem Vortrag im Verein Concordia im Deutschen Haus in Prag tschechische Autoren zitierte, was in diesem besonderen Fall nur eine vorübergehende Missstimmung hervorrief: „Es gibt kein Feld, das geeigneter wäre für versöhnende Zusammenarbeit zwischen zwei streitenden Nationalitäten als das Feld des übernationalen Pazifismus."[18] Sie beförderte die Friedensidee auch an anderen Orten der Donaumonarchie. Ihre Bedeutung ist dabei kaum zu überschätzen. Der führende Militärhistoriker Österreichs Manfried Rauchensteiner nennt die Friedensbewegung unter ihrer Führung eine „recht einflussreiche Schar" und berichtet für die Zeit vor 1914. „Massenbeitritte ganzer Organisationen wie von Lehrervereinigungen und kirchlichen Vereinen ließen die Mitgliederzahl der österreichischen Friedensbewegung stark ansteigen."[19]

Suttners Sprachkenntnisse, ihre aristokratische Abstammung, ihr gesellschaftliches Auftreten, ihr Optimismus und ihr Selbstbewusstsein machten sie zur optimalen Galionsfigur der Friedensbewegung. Auch ihr schriftstellerisches Können setzte sie weiter für die Sache ein und schrieb in diesem Sinne unzählige Artikel in internationalen Zeitungen, Streitschriften und weitere Romane.

Mit Alfred Hermann Fried, einem aus Wien stammenden Buchhändler in Berlin und späteren Nobelpreisträger (1911), gab sie die monatliche Zeitschrift *Die Waffen nieder!* von 1892 bis 1899 heraus, dessen Nachfolgeblatt *Die Friedenswarte* von 1899 bis 1982 (!) publiziert wurde. In einer Kolumne kommentierte sie dort das weltpolitische Geschehen, das sie täglich in österreichischen, deutschen, englischen und französischen Zeitungen aufmerksam verfolgte. Ihre polemischen und analytischen Beiträge sind dabei mit Ereignissen aus dem täglichen Leben versehen und keineswegs humorbefreit. So zitiert sie die Meldung, dass der österreichische Gast Erherzog Franz Ferdinand bei einer gemeinsamen „Lappjagd" 120 „Schaufler", also Damhirsche, Kaiser Wilhelm „nur" 55 erlegte: „Bewältige deine Freude, loyales Herz: 120 Schaufler!! Wer etwa so geringe Bildung hat, nicht zu wissen, was eine Lappjagd ist, der erfahre, daß um das Gehege Lappen aufgehängt werden, damit von dem rudelweise zugetriebenen Wild ja kein Schaufler durchbreche..."[20]

1891 beim Dritten Internationalen Friedenskongress in Rom hielt sie ihre erste große öffentliche Rede im Ratssaal auf dem Kapitol, wo sie überhaupt als erste Frau stand.[21] Dort wurde auch das Bureau International de la Paix (Friedensnobelpreis 1910) gegründet, als dessen Vizepräsidentin Suttner aktiv war und so mit der Prominenz der internationalen Bewegung in engem Kontakt blieb.

Ihre engagierte Friedensarbeit ließ sie mit verschiedensten Diplomaten, Aktivist*innen und Intellektuellen aus Europa und der ganzen Welt in Verbindung treten.

Eine große Hoffnung der Pazifist*innen war die von Zar Nikolaus II. einberufene Konferenz von Den Haag 1899. In diesem Rahmen wurde Suttner auch bei einer Audienz vom russischen Außenminister Graf Murawjow empfangen. Bei der Konferenz berieten Diplomaten, Militärs und Völkerrechtler über Abrüstung, die Regelung des Kriegsrechtes und die Aufgaben des Schiedsgerichts. Und wirklich wurde die Organisation der Haager Friedenskonferenzen von 1899 und 1907, auf denen Ansätze eines verbindlichen Völkerrechts vereinbart wurden, einer der größten friedenspolitischen Erfolge.

Um die Jahrhundertwende wurde sie im *Berliner Tagblatt* sogar zur bedeutendsten Frau der Gegenwart gekürt. Ihre Reisetätigkeit blieb auch im Alter enorm. Einladungen von Albert I., der 1902 ein Friedensinstitut mit Dokumentensammlung gründen ließ, führten sie mehrmals nach Monaco und im gleichen Jahr weilte sie zur Eröffnung des Kriegs- und Friedensmuseum in Luzern. Eine federführende Rolle spielte sie ein Jahr später bei der Konferenz der Interparlamentarischen Union in Wien, und bei Vortragsreisen 1904 in die USA empfing Präsident Theodore Roosevelt (Friedensnobelpreis 1906) sie im Weißen Haus. 1905 führte eine Vortragsreihe in Deutschland sie in viele Städte.

Als historischer Höhepunkt ihrer Arbeit kann wohl die erste Verleihung des Friedensnobelpreises an eine Frau gelten, nämlich 1905 an Bertha von Suttner. Damit geriet sie noch stärker ins internationale öffentliche Bewusstsein. Der Preis war ihr von Nobel wohl ohnehin schon zugedacht, immerhin wählte er in seinem Testament von 1895 die Formulierung „Für denjenigen oder diejenige [celui ou celle], welcher oder welche am meisten oder besten für die Verbrüderung der Völker, für die Abschaffung oder Verminderung der stehenden Heere sowie für die Bildung und Verbreitung von Friedenskongressen gewirkt hat."[22] Die bewusste Verwendung der männlichen und weiblichen Form war keineswegs zeitgemäß und deutet daraufhin, wen Nobel hier im Auge hatte.[23]

Die Preisannahme in Kristiania, heute Oslo, nutzte Suttner für eine Reihe von Vorträgen in Skandinavien im Jahr 1906. Auch darüber hinaus blieb sie weiter aktiv und reiste zum Beispiel zur Zweiten Haager Konferenz 1907 oder zum Friedenskongress in London 1908, bei dem sie mit einer Abordnung von König Eduard VII. empfangen wurde.

1912 unternahm sie noch eine große Vortragsreise in den USA, bei der sie insgesamt vor mehr als 20.000 Menschen sprach.[24] Der Industrielle Andrew Carnegie sprach ihr daraufhin eine Lebensrente zu, die sie allerdings nicht mehr lange nutzen konnte.

In ihren letzten Lebenswochen arbeitete sie noch an der für September 1914 geplanten großen Wiener Friedenskonferenz. Dieser 21. Weltfriedenskongress wurde schon seit Jahren vorbereitet. Als Präsident hatte Suttner immerhin den k. u. k. Außenminister Leopold Graf Berchtold gewonnen, auch Angehörige des Hauses Habsburg und prominente Vertreter aus Wissenschaft und Politik gaben ihre Namen für den Ehrenschutz des Kongresses. Und auch sämtliche Räume des Reichsratsgebäudes wurden unentgeltlich zur Verfügung gestellt. Doch der Sommer 1914 untergrub die Kongressplanung auf furchtbarste Weise. Am 21. Juni erlag Suttner ihrer Krebserkrankung. Genau eine Woche später fielen die Schüsse in Sarajevo, die zum Ersten Weltkrieg führten und den mitzuerleben Suttner erspart blieb.

3. Die Freidenkerin Suttner

3.1 Humanistische und intellektuelle Anknüpfungspunkte

Das gesamte Werk Suttners ist zutiefst vom Geist der humanistischen Aufklärung durchdrungen. Im Vordergrund stand für sie die Würde des Menschen, den sie als vernünftiges, eigenverantwortliches und freies Individuum sah. Schon als Kind setzte sie sich nach eigenen Angaben mit humanistischen, liberalen und sozialkritischen Texten auseinander, wie „‚Ruy Blas‘ und ‚Marie Tudor‘ von Victor Hugo; den halben Schiller, [...]; ‚Jane Eyre‘, ‚Uncle Tom's Cabin‘, das waren die Bücher (also nicht Kinderbücher), in denen ich in jenem Alter schwelgte“.[25] Im Teenageralter las sie dann weitere Literaten wie „den ganzen Shakespeare, den ganzen Goethe, den ganzen Schiller und Lessing, den ganzen Victor Hugo“ sowie Denker wie „Kant, Schopenhauer, Hartmann (Philosophie des Unbewußten), Strauß, Feuerbach, Pascal, Comte, Littré, Victor Cousin, Jules Janet, Alfred Fouillée (die drei letzteren in der ‚Revue des deux Mondes', die ich regelmäßig von der ersten bis zur letzten Seite las)".[26] Vor allem aber sollte sie die Entwicklungslehre Darwins beeinflussen, die sie in ihrer Zeit im Kaukasus kennengelernt hatte.

Zu ihren Anschauungen kam Suttner durchwegs durch eigenständige Lektüre, so Alfred Hermann Fried: „Sie [...] fing ganz unbeeinflußt an, über den Krieg nachzudenken. In diesem Sinne ist sie die Urheberin der Friedensbewegung. Sie wurde nicht durch die bereits vorhandene Bewegung angeregt, sondern kam ganz von selbst darauf. Sie gehörte zu jenen Selbstdenkern, die nach Schopenhauer ihre geistigen Ahnen erst nachträglich kennenlernen."[27] Das Paar bewegte sich in liberalen Kreisen; früh bekannten sie sich ja selbst als Freidenker und Suttner publizierte in entsprechenden Zeitschriften wie dem *Freidenker* aus Milwaukee, wo sie von 1886 bis 1910 sechsundzwanzig zuerst vor allem antiklerikale und aufklärerische Beiträge, darunter manche Vorabdrucke, veröffentlichte. Später setzte sie sich auch dort vorrangig mit der Friedensfrage auseinander.[28]

Neben Aufklärung und Darwinismus übten vor allem die französischen Realisten, die Suttner von Kindheit an gelesen hatte, einen entscheidenden Einfluss aus. Ihre literarischen Texte sind dieser Strömung verpflichtet und beziehen sich häufig auf fiktive Tagebücher und authentische historische Quellen. Ihre Beschäftigung mit der modernen Literatur des Realismus mündete auch in den Aufsatz „Wahrheit und Lüge" in der Zeitschrift *Die Gesellschaft. Realistische Wochenschrift für Litteratur, Kunst und öffentliches Leben.* Dort denkt sie über die Aufgabe der modernen Kunst nach und ordnet sich entschlossen in die Reihen dieser literarischen Strömung ein. Als wichtigstes Vorbild fungierte Émile Zola, dessen Bücher in Harmannsdorf auf einem von Arthurs Mutter errichteten Scheiterhaufen in Flammen aufgegangen sein sollen[29] – ein Sinnbild für das damalige Provokationspotenzial des Realismus. Später führte Suttner mit dem berühmten französischen Romancier übrigens Korrespondenz.

Für ihre realistische Schreibweise fand sie auch eine tendenzielle, manchmal gar belehrende Ausrichtung angebracht. Angenehme Lektüre sieht sie nicht als Ziel ihrer künstlerischen Produktion.

„Glauben Sie wirklich", sagt eine Figur in ihrem *Schriftsteller-Roman* (1888), „daß ein Autor genug getan hat, wenn er – wie etwa eine gelungene Theaterdekoration, oder eine hübsche Damentoilette auf dem Balle – gefallen hat? Er soll nützen, erheben, beglücken – er soll der Wahrheit, der Gerechtigkeit und der Schönheit gedient haben, freudenhemmende Vorurteile wegräumen, Aberglauben und Dunkel zerstören helfen."[30] Ihrer Kollegin, der Salzburger Pionierin des Feminismus Irma von Troll-Borostyáni, gestand sie offen, „daß man gerade durch Romane mehr Chancen hat, seine Ideen einzuschmuggeln."[31] Dabei übernahm sie Techniken der aufgeklärten Literatur wie eingewobene Dialoge und Gespräche, die bis in die antike Tradition zurückreichen und eine Bühne bieten für Reflexionen, die Abwägung von Argumenten sowie die schrittweise Entwicklung von Ideen.

Die Beschäftigung mit antiken Themen lehnte sie in ihrem Realismuskonzept sonst aber bewusst ab. Als modernen Autor definierte sie den, „der die ausgetretenen Wege der Schule verläßt, der nicht aus Büchern und immer wieder Büchern schöpft, der Altgelesenes wieder neu schreibt, sondern der das *Leben* selber studiert, um daraus die Stimmungen, die Einzelheiten, die Eindrücke – so wie sie sind, noch frisch zuckend, wirklichkeitstriefend auf das Papier zu bannen."[32] Sie forderte Lebensnähe und Wahrhaftigkeit; von jeglichen Schablonen und Routinen solle sich die Literatur befreien: „nicht nur Römer und Ägypter, nicht nur die herkömmlichen italienreisenden Maler und ‚Präsidenten' einer ‚kleinen Residenz' will man vorführen, sondern Menschen, die man kennt und sieht; die in Wien, in Berlin oder München leben, die so sprechen und fühlen wie ich und Du, die wie Menschen irren und schwanken und nicht Ausbünde aller Tugenden sind."[33] Sie nahm denn auch viele Themen aus ihrem eigenen Leben und ihrer Umgebung, sodass sie bei der Abfassung ihrer Memoiren nicht nur aus ihrem Tagebuch, sondern auch aus ihren Romanen zitieren konnte.

Vehement forderte sie für die Jugend auch, den „Kult der Klassiker" zu beenden. Ihr Werk *Das Maschinenzeitalter* (1889) ist für Suttners Freidenkertum von besonderer Bedeutung. Bereits der Untertitel „Zukunftsvorlesungen über unsere Zeit" verrät den interessanten Dreh: Neun Vorlesungen werden an einer Universität in der fernen Zukunft über Suttners Epoche des späten 19. Jahrhunderts gehalten und die damaligen Probleme einer schwer verständlichen, lang vergangenen Zeit werden von einer fortschrittlichen Zukunft aus beleuchtet. Dort schimpft sie über den Jugendunterricht: „Nicht nur die Entfaltung neuen Lebens hindert jegliche Routine, sondern, was schlimmer ist, sie hindert das Absterben des Hinfälligen und das Wegräumen des Abgestorbenen. Tote Sprachen, tote Dogmen, tote Mythen – das nahm auf jenen Programmen den größten Platz ein; für die Bewegung des modernen Wissens blieb gar kein Raum."[34] Entschlossen plädiert sie gegen die Anbetung der „klassischen Götzen", „denn wir haben aufgehört, das Vergangene anzubeten; wir *wissen* nunmehr, daß die Welt vorwärts schreitet und alles in ihr, also auch die Künstler und Dichter."[35]

Doch selbstverständlich ignorierte Suttner antike Denker nicht vollständig, so wird in *Die Waffen nieder!* das Friedensprotokoll Marthas immerhin mit Hinweisen auf Aristophanes, Sokrates, Cicero und Virgil eröffnet. Doch vor allem beschäftigt sie sich immer wieder mit dem bekannten Diktum „Si vis pacem, para bellum", für Suttner ein „altrömischer Idiotensatz"[36]: „‚Wenn du den Frieden willst, so bereite den Krieg' ist durch seinen lateinischen Ursprung, durch seine millionenfache Wiederholung so geltungs- und kursfähig geworden, daß er bei den militärischen Mehrforderungen immer wieder vorgebracht wird und unwidersprochen bleibt, schließlich auch von der Allgemeinheit quia absurdum geglaubt wird."[37] Suttners Achtung verdienen Ideen, die humanistisch sind, egal, wie alt sie sind, eine antike Herkunft allein genügt nicht.

3.2 Ein Menschenbild der Höherentwicklung

Der Gedanke der Höherentwicklung des Menschen im Laufe der Geschichte, heute im Stile Lyotards als große Erzählung abgetan, beherrschte viele intellektuelle Strömungen des späten 19. Jahrhunderts. Die Suttner prägenden Einflüsse stammten aus der englischen Wissenschaft. Ausgehend von der Abstammungslehre von Charles Darwin entwickelten Herbert Spencer und Henry Thomas Buckle auf die Soziologie und Geschichte angewandte Evolutionslehren, die heute als falsche monistische Übertragung einer Theorie auf völlig andere Systeme abgelehnt werden. Doch darauf gründete der unauslöschliche Optimismus und der feste Glaube Suttners, dass sich die Menschheit zum Besseren entwickle. Früh hat sie die Ideen zustimmend rezipiert und sich als gute Kennerin Darwins bewiesen.[38] Darwins revolutionäre Ansichten wurden dabei für Suttner mehr als eine akademische Lehre, dem Humanismus gemäß stellte sie den Menschen selbst in den Mittelpunkt ihrer Betrachtungen und sah ihn nicht vor allem als Geschöpf Gottes. Einem intelligenten Romanprotagonisten legt sie den Wunsch in den Mund, Priester dieser Lehre zu werden: „Wenn es einen gültigen Darwinismuskult gäbe, so wollte ich dessen Priester sein. Ich glühe für diesen Mann, der mit seiner rastlosen Forschung, mit seiner folgernden Denkkraft den Grund zu seiner Weltanschauung gelegt hat, welche in der Entwicklungsgeschichte des Menschengeistes die bisher größte Wende bezeichnen wird."[39] In verschiedenen Texten stimmt sie immer wieder eine Hymne auf den Fortschritt an – manchmal in wahrhaften Schwärmereien:

„Wohin ich blicken mag, überall sehe ich es bestätigt, dieses herrliche Prinzip. Ich sehe es in meinem Garten, wo aus der wilden Heiderose die duftbeladene Malmaison entstand; ich sehe es in meinen Klassikern, in deren Werken das erste Lallen der menschlichen Sprache bis zur poetischen Gewalt herangewachsen ist; ich sehe es am Firmament, wo die kosmischen Nebeldünste sich zu Sonnen verdichten. Das ewige Werden ist zugleich ein ewiges Veredeln: das Streben nach Verbreitung, nach Verschönerung, nach Vervollkommnung ist in allen Dingen innewohnende Lebenskraft. Sehen

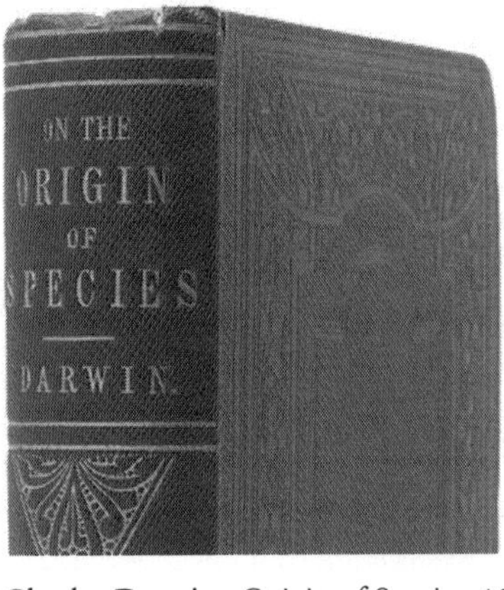

Abb. 7: Charles Darwins *Origin of Species*, 1859

wir denn nicht, wie alle jene Dinge, die uns heute in relativer Vollkommenheit umgeben, auf aufsteigender Leiter dahin gelangten? Was könnte uns zu der Annahme berechtigen, daß irgend etwas auf der höchsten Spitze angelangt sei?"[40]

Gegen die blendende Zukunft stellte Suttner „die grausamen alten Zeiten", in „welchen unsere armen Vorfahren in Lehmhütten wohnten, umdüsterten Geistes, rohen Sinnes, keine höhere Freuden kennend, als einen auf Feindesschädel versetzten Keulenschlag."[41] Das Emporschreiten der Menschheit soll materialistische, aber auch eine geistige und moralische Vervollkommung bedeuten. Auf der obersten Stufe kann der – nach ihrer eigenen Wortwahl – „Vollmensch" oder „Edelmensch" Kants Forderung, sich seines eigenen Verstandes zu bedienen, um verantwortungsvoll mit unserer Welt und unseren Mitmenschen umzugehen, vorbildlich erfüllt werden, ein Ideal, das sie gern auf ihren Mann und sich bezog – eine sicher problematische Anmaßung.

Ethische humanistische Ideen der Aufklärung tragen den Inhalt ihres gesamten Werks: Das selbstbestimmte und denkende Individuum lehnt sich gegen Traditionen auf, die von Establishment und Kirche entschlossen gestützt werden. Darwins wie Buckles Theorien werden explizit im Roman *Die Waffen nieder!* diskutiert. Suttner nimmt zwar dabei auf diplomatische Weise nicht allzu offen Stellung für Darwin, doch seine Gegner im Roman sind ignorante Militaristen, die ganz provinziell – für Suttner also unkosmopolitisch – „in barschem Ton und Wiener Dialekt" sprechen: „Ich hab von der Affeng'schicht auch schon was g'hört. War mir aber zu dumm, um aufzupassen. Wenn man sich immer um alles Geschwätz kümmern sollt, mit dem uns die Sterngucker und Graspflücker und Froschhaxen-Untersucher ein X für ein U vormachen wollen – da müßt einem ja Hören und Sehen vergehen."[42]

3.3 Antiklerikalismus

Für das Österreich-Ungarn des 19. Jahrhunderts kann die Kritik Suttners an Kirche und Glaube nur als radikal bezeichnet werden. Bereits in *Inventarium einer Seele* (1883), einer ausführlichen Selbstverortung des imaginären, intellektuellen Barons Karl wendet sich diese reflektierende „Erzählfigur" gegen den Glauben: „Beklagt uns nicht; nennt uns nicht arm und unglücklich, weil wir auf keinen Himmel hoffen. Dafür haben wir auch keine Höllenfurcht. Wir finden solche Ruhe, solche befriedigt frohe Klarheit in unserer Weltanschauungsweise, daß, wer einmal von *diesem* Baume der Erkenntnis gekostet, nie mehr davon lassen kann."[43] Die Bedeutung der Wissenschaft und ihrer Errungenschaften stellt sie dabei über die der Kirche bzw. spielt sie gegen sie aus: „Da, wo ich Licht sehe, kann ich mich mit aller Gewalt nicht zwingen, es mit offenen Augen *nicht* zu sehen, und umgekehrt: wo ich nichts sehe, wird keine noch so heftige Anstrengung der Sehnerven mich zum Sehen bringen."[44] Auf humanistisch-aufklärerische Weise fordert sie ganz im Sinne Kants den Ausgang des Menschen aus seiner selbst verschuldeten Unmündigkeit, die Benutzung des Verstandes ohne Leitung anderer und damit die Möglichkeit, das eigene Schicksal selbst in die Hand zu nehmen.[45]

Oft verzichtet sie auf direkte Angriffe auf die offiziellen Kirchen, doch sie richtet ihre Reflexionen unmissverständlich gegen die religiösen Dogmen: „Unser Losungswort in allen Sachen des Gedankens und überallhin: ist Freiheit. Aller Chauvinismus ist uns verhaßt – Liebe, Fortschritt und Glück sind unsere Dogmen. [...] Den Weltmysterien gegenüber sind wir sehr demütig. Wir nehmen keines der Weltsysteme an, welche uns von verschiedenen Universumserklärern als Lösung aller Rätsel aufdisputiert werden wollen, und versuchen am allerwenigsten, eine eigene Lösung zu erfinden."[46]

Trotzdem gerieten diese Ansichten oft genug in Konflikt mit konservativen Anschauungen in der österreichischen Monarchie, insbesondere mit denen der Kirche. Mit ihrer liberalen und antiklerikalen Haltung erntete Suttner 1885 – nach der Aussöhnung mit der Familie ihres Ehemannes und der Rückkehr nach Österreich in das Suttnersche Landschloss Harmannsdorf im Waldviertel – viel Streit und Unverständnis. Die konservative Umgebung machte dem Ehepaar Reisen nach Paris oder anderswohin wohl noch schmackhafter. Gerade in der französischen Hauptstadt lernt es viele aufgeklärt-liberale und antiklerikale Denker wie Ernest Renan kennen, der in seinem von der Kirche skandalisierten Werk *Das Leben Jesu* (1863) die Gestalt Jesu aus den antiken Verhältnissen heraus zu erklären versucht sowie auch dessen nachträgliche Ausrufung als Gott.

Bezeichnenderweise widmet Suttner auch in *Das Maschinenzeitalter* die bei Weitem längste Zukunftsvorlesung – von über 50 Seiten – den Religionen. Sie beschreibt darin den Kampf „des Freigedankens mit dem Glauben" für ihre Zeit und besingt einmal mehr die „Humanitätsreligion"[47] auf Basis des Darwinismus: „Die Entwicklungslehre war es, welche den Wurzelboden zu der Humanitätsreligion abgab; war es, welche nicht nur den vollen Beweis mit sich brachte, daß die herrschenden Dogmen (Paradies, Sündenfall, Sintflut usw. usw.) auf Irrtum ruhten, sondern auch die Beweise enthielt, daß die Menschheit in fortschrittlicher Entfaltung begriffen sei und dazu beanlagt, unter Verzichtleisung auf eingebildete Himmel, sich ihr Erdenheim immer schöner und glückbringender zu gestalten. Die neue Religion begann demnach sich ihre Ziele aufzustecken. Nicht nur zu zerstören – auch aufzubauen war sie gekommen: nämlich das Reich des Friedens und der Freude, der Gerechtigkeit und der Vernunft."[48]

In Glaubensfragen sah Suttner die Gesellschaft voller Widersprüche, die den Dialog verweigernde Kirche ignoriere die wissenschaftlichen Erkenntnisse, ja bekämpfe diese sogar. Insgesamt existierten viel mehr „religiöse Lügner" und Heuchler als wirklich Gläubige. „Nicht *Irrtum* – d.h. Unwahres aufrichtig für wahr zu halten – war den Meisten vorzuwerfen, sondern *Lüge* – d.h. den innerlich als solchen erkannten Irrtum äußerlich als Wahrheit zu behandeln –; ein System, zusammengesetzt aus Heuchelei und Indifferentismus, aus Weltklugheit und Gedankenlosigkeit."[49] Lustig macht sie sich denn auch über den Wunderglauben und die „Götzendienerei"[50] – immerhin existierte damals noch der weitverbreitete Glaube an die Wirkung der Heiligen, ihrer Bilder und Statuen. Dazu polemisierte sie gegen eine „vom alten Glaubensgeist durchtränkte" Kindererziehung[51], gegen die Gesetze gegen „Beleidigung der Staatsreligion" oder „Gotteslästerung".[52]

Außerdem warf sie der Kirche ihre historische Allianz mit den Herrschenden in klassenkämpferischer Manier vor: „Daß Kirche und Thron, sich gegenseitg stützend, zu einander gehören; daß der politische Autoritätsglauben durch Dogmenglauben befestigt wird; daß Unterwerfung unter die Priesterherrschaft die Unterwerfung unter Klassenherrschaft fördert: das war den Konservativen und Feudalen klar – und wo nicht klar, so doch instinktiv bewußt."[53]

Einen Schritt weiter geht sie mit der Identifizierung eines „gemeinsamen Stamm[s]“ der Gottes- und Königsverehrung, nämlich die „Tyrannenfurcht“.[54] „Doch wie gesagt, das himmlische Königtum war nicht nur dem Muster eines autokratischen und despotischen, sondern dem eines tyrannischen Reiches nachgebildet. Ganz natürlich, denn diese Form war unter den barbarischen Menschen die erste, und wenn auch im Lauf der Zeit die Tyrannei abnahm und verschwand, so blieb das ins Göttliche übertragene Bild derselben unwandelbar – da ja doch Unwandelbarkeit eines der wichtigsten göttlichen Attribute war.“[55]

Noch vorwurfsvoller äußert sie sich gegenüber der Mitwirkung der Kirche am Militarismus: „Die sogenannte Religion des Friedens und der Liebe war stets bereit, über die Unternehmungen des Krieges und der Feindschaft ihren Segen zu sprechen, und gegenseitig: um besagte Lehre des Friedens und der Liebe verbreiten und verteidigen zu helfen, gaben sich die Träger des Hasses und der Verwüstung immer eifrig her.“[56] Immer wieder muss sie feststellen, dass es ausgerechnet die klerikalen Blätter sind, „welche den kriegerischen Geist am meisten pflegen und welche direkte Kriegshetz-Nachrichten verbreiten.“[57]

Ihre liberale Gesinnung manifestierte sich einmal mehr in ihrer Mitgliedschaft im österreichischen Verein „Die Flamme“, der die damals in Österreich noch verbotene Feuerbestattung propagierte, und entsprechend in ihrem Testament vom 24. Juli 1899, worin sie, „wenn ohne Verdruß möglich“, eben die Feuerbestattung erbat.

Die Verbrennungen konnten in Deutschland zumeist im Krematorium in Gotha stattfinden.[58] Doch zuerst sollte 1902 die Leiche des gerade 52 Jahre alten Gatten Arthur von Suttner ebendort eingeäschert und nach Harmannsdorf gebracht werden, wo die Witwe einen regelrechten Kult betrieb, indem sie die Urne vor einem lebensgroßen Porträt platzierte und mit Friedenspalmen umkränzte. Am 25. Juni 1914 wurde sie selbst in Gotha eingeäschert, wo ihre Urne bis heute aufbewahrt wird.

3.4 Die Situation der Frauen im Österreich des 19. Jahrhunderts

Das ganze 19. Jahrhundert bedeutete innerhalb der Habsburgermonarchie eine Zeit der erheblichen Diskriminierung der Frauen aufgrund ihres Geschlechtes. Vom aktiven und passiven Wahlrecht blieben Frauen bis 1918 ausgeschlossen, ebenso von der Mitgliedschaft in politischen Organisationen. Die Rechtsunfähigkeit und der Ausschluss von allen politischen Aktivitäten standen bereits im Gegensatz zu verschiedenen sozialen Tendenzen wie der ständig wachsenden Bedeutung der Frauen im Arbeitsprozess. Erstmals gewährte die Revolution von 1848 den Frauen die Möglichkeit einer politischen Interessenvereinigung, doch der im gleichen Jahr gegründete „Wiener Demokratische Frauenverein" wurde bereits nach zwei Monaten wieder verboten.

Eine höhere formale Ausbildung blieb Frauen prinzipiell verwehrt. Nur auf elementarstem Niveau wurden Mädchen seit der maria-theresianischen Reform des Schulwesens in privaten Instituten, die sich zumeist in katholischer Hand befanden, unterrichtet. Nach der Volksschule war die offizielle Schulbildung beendet. Erst mit dem Reichsvolksschulgesetz von 1869 wurde die Schulpflicht auch für Mädchen durchgesetzt. Daraufhin konnten sich Frauen als Lehrerinnen ein erstes intellektuelles Berufsfeld erschließen. Doch diese wenigen Frauen im öffentlichen Dienst mussten nach einer Heirat die Arbeitsstelle verlassen. In den 1860ern wurde dann auch eine Reihe von Berufsschulen für „spezifisch weibliche Berufe" gegründet, in weiterer Folge entstanden erste Mädchenlyzeen und höhere Schulen für Frauen.

Erst um 1870 gewann eine bürgerliche Emanzipationsbewegung in Österreich an Gewicht und kämpfte in dafür gegründeten Frauenvereinen verstärkt um die Möglichkeit einer höheren Bildung. 1878 durften Frauen dann zwar die Matura ablegen, doch erhielten ihre Zeugnisse nicht den üblichen Zusatz „reif zum Besuch der Universität". Eine automatisch zum Universitätsbesuch ermächtigende Matura wurde Frauen in Österreich das gesamte 19. Jahrhundert hindurch vorenthalten. Die Fakultäten blieben ihnen also verschlossen. Erst 1897 wurden die philosophischen Fakultäten der Universitäten für sie geöffnet, 1900 auch die medizinischen. Weitere Fakultäten, wie die rechts- und staatswissenschaftlichen und theologischen sollten erst in der Republik folgen. Dementsprechend erhielt erst nach dem Ersten Weltkrieg die erste Frau Professorinnenwürde.

Frauen schienen nicht als große Literatinnen und Denkerinnen infrage zu kommen. Wie schwierig es allgemein für Frauen des 19. Jahrhunderts war, seriöse Literatur zu publizieren, zeigt die häufige Verwendung von Pseudonymen. Viele Schriftstellerinnen veröffentlichten unter Namen, deren Geschlechtszugehörigkeit nicht klar erkennbar war, oder unter männlichen Namen. Bertha von Suttner selbst begann ihre Karriere auf diese Weise. Ab 1877 schrieb sie unter fremden Namen Kurzgeschichten für österreichische Zeitungen. Unter „B. Outlet" veröffentlichte sie ihr aufschlussreiches *Inventarium einer Seele*, unter „Jemand" *Das Maschinenzeitalter*, ihre Geschichtsvorlesungen aus der Zukunft. Erst nach der erfolgreichen dritten Auflage lüftete sie das Geheimnis.

Dabei traten Mechanismen des Ausschlusses der Frauen aus publizistischen Seilschaften und akademischen Zitationszirkeln in Kraft. Seriöse Literatur wurde von Frauen nicht erwartet – stattdessen wurden sie oft in die Ecke der Trivialliteratur gedrängt. Dass aus dieser Marginalisierung auf die Unfähigkeit politischer Denkerinnen geschlossen wurde, war Suttner durchaus bewusst. Bezüglich der Behauptung, Frauen hätten keine philosophisch relevanten Werke hervorgebracht, kritisierte sie 1889: dies wäre „wie wenn man ein meilenweites Becken mit Spielkarten gefüllt hätte, worunter nur zehn oder zwölf Damen enthalten sind, und dann, nachdem man durch eine Viertelstunde Karten herausgezogen, wobei keine Dame zum Vorschein gekommen wäre, in doktrinärem Tone riefe: ‚Wie Sie sehen, hat das Kartenbild der Dame die spezifische Eigenschaft, nicht gezogen werden zu können.'"[59]

3.5 Frauenrechte

Suttner sah die Ebenbürtigkeit und Gleichberechtigung zwischen den Geschlechtern als Selbstverständlichkeit und wendete sich gegen jegliche Zurücksetzung von Frauen. Der Toleranz des Humanismus entsprechend forderte sie Gendergerechtigkeit und kämpfte gegen jede Diskriminierung. *Das Maschinenzeitalter* bespricht die diesbezüglichen konservativen Vorurteile ihrer Zeit – von körper-

Abb. 8: Nach einem Vortrag zu Frieden und Frauenrechten, Amsterdam 1913

licher über intellektuelle Schwäche bis hin zur moralischen Eigenstellung – und entkräftet sie.

Die Auseinandersetzung mit der fehlenden Gleichstellung in der Liebe, die Anklage der sexuellen Doppelmoral, der Verlogenheiten und der Prüderie provozierte wohl viele Zeitgenossen. Sich auf ihre Freundin Irma von Troll-Borostyáni berufend, klagt sie die Situation an, dass Frauen wegen außerehelicher Sexualität mit der aufgezwungenen „Erlaubniskarte“ in die Prostitution gedrängt wurden, die Männer hingegen problemlos davonkamen.[60] Ihr Plädoyer für die Möglichkeit zur Erwerbsarbeit von Frauen sowie zur damals verbotenen Scheidung beinhaltete in ihrer Sicht auch eine bessere Zukunft für die Männer: „Nein, auch die Befreiung des Mannes ginge gleichen Schritt damit; auch er könnte sich von der verhaßt und verächtlich gewordenen Gefährtin trennen, ohne die schreckliche Verantwortung zu haben, ein Wesen, das ihm einmal teuer war, auf die Straße, dem Hungertode oder – noch Ärgerem in die Arme zu werfen.“[61]

Suttner kämpfte für die Überwindung traditioneller Geschlechterdifferenzen; sie erhoffte von Frauen und Männern, „Edel-“ bzw. „Vollmenschen“ zu werden und gleichberechtigt zusammenzustehen, was sie in ihrer Ehe stilisierte. So hat sie auch nie gegen Männer polemisiert.

Insgesamt hielt Suttner Distanz zum Feminismus und verweigerte eine Mitarbeit im Kampf um Frauenrechte, zu der sie mehrmals aufgefordert wurde, nicht zuletzt um sich auf die Friedensarbeit zu konzentrieren. Selbst als ihr 1904 die Präsidentschaft des Weltbundes der Frauen angeboten wurde, lehnte sie sehr geschmeichelt ab. Sie pflegte aber durchaus persönliche Kontakte zu einzelnen Pionierinnen der Frauenbewegung, verschickte immer wieder Solidaritätsbekundungen, nahm Einladungen zu Frauenkongressen an und hielt dort Vorträge. Für die Fortschritte bei Frauenrechten in verschiedensten Ländern zeigte sie größtes Interesse und notierte diese penibel in ihr Tagebuch.

Sie sah die Geschlechterrollen als kulturell bedingt an und damit verwarf sie auch die von Feministinnen ihrer Zeit vorgebrachte These der angeborenen Friedfertigkeit und des besonderen Bezugs der gebärenden Frauen zum Leben.[62] So kommentiert sie auch ein pazifistisches Zitat aus einer Rede der Sozialdemokratin Adelheid Popp in ihrer Randglosse lapidar: „Feminine Politik? Nein: humane Politik."[63]

Gunilla Budde bekräftigt, dass Suttner der Frauenbewegung ihrer Zeit in mancher Hinsicht sogar weit voraus war. Sie verweist vor allem auf Suttners Vorstellung, dass nicht allein staatlich zuerkannte Rechte für Frauen, sondern ein generelles Umdenken und Umschwenken beider Geschlechter vonnöten sei, um grundlegende Ungleichheiten auszuräumen.[64] Der Schlüssel dazu war für Suttner die Bildung, die auch einem Denken in Geschlechtsstereotypen und traditionellen Frauenbildern ein Ende bereiten sollte.

3.6 Abwehr des Antisemitismus

Früh begriffen die Suttners den Antisemitismus neben dem Krieg als größtes Übel. Dieser wurde nach dem Massenexodus der verfolgten Juden aus dem Zarenreich, wo schreckliche Pogrome und gesetzliche Diskriminierung herrschten, zur breiten und akzeptierten Strömung. Seit 1882 wollten antisemitische Kongresse die jüdische Einwanderung stoppen. Die Deutschnationalen feierten mit antisemitischen Parolen politische Erfolge, auch viele Christlichsoziale wie der spätere Wiener Bürgermeister Dr. Karl Lueger zogen nach.

Abb. 9: Arthur Gundaccar von Suttner

Suttner bezeichnete den Antisemitismus als „Schandfleck […] für unser Jahrhundert“, einen „Rest wilder Barbarei religiösen Wahns“[65] oder einen „Rückfall in das Mittelalter“[66]; sie glaubte fest, dass mit der fortschreitenden Entwicklung hin zu einer völligen Assimilation alle Unterschiede der Nationen und des Glaubens verschwinden würden.

1891 – noch vor der Gründung des Friedensvereins – rief Arthur von Suttner einen „Verein zur Abwehr des Antisemitismus“ ins Leben. Mit dabei waren Prominente aus Politik, Industrie und Wissenschaft – oft dieselben Personen wie später in der Friedensgesellschaft. Die Tageszeitungen druckten den Aufruf zur Etablierung des Vereins und mehrere Hundert Mitglieder schlossen sich an. Bereits 1890 war in Berlin ein solcher Verein enstanden, der übrigens keine Juden aufnahm, um naheliegenden Vorwürfen den Wind aus den Segeln zu nehmen.

In Österreich wurden nun jüdische Mitbürger zur mutigen Abwehr aufgerufen; ihnen wurde kostenloser Rechtsschutz angeboten. Der Verein veröffentlichte von 1892 bis 1896 das *Freie Blatt*, eine Wochenzeitschrift, die Mitarbeiter wie Peter Rosegger gewinnen konnte. Sie imitierte geschickt – in Aufmachung wie in der Aggressivität – den Stil des Hetzblattes *Unverfälschte Deutsche Worte* des österreichischen Antisemiten Georg von Schönerer, dem Führer zunächst der österreichischen Deutschnationalen und später der Alldeutschen Vereinigung, der nicht zuletzt auf den jungen Adolf Hitler großen Eindruck machte. Das *Freie Blatt* zog sich aber auch Kritik von Intellektuellen jüdischer Herkunft zu, insbesondere da es sich zunächst gegen den Zionismus und gegen die Orthodoxie wendete und klar für eine Assimilation eintrat.

Selbstverständlich half Bertha von Suttner im Hintergrund tatkräftig mit, nahm an den eher schlecht besuchten Versammlungen teil und hielt Reden. Großes Echo erhielt ihr Aufruf an die Frauen, der auf den berüchtigten Slogan „Kauft nicht bei Juden“ anspielte, nämlich: „Liebt nicht bei Antisemiten!“[67] Ihrem Naturell entsprechend zeigte sich Suttner zunächst sehr optimistisch und freute sich auch über Hetzartikel gegen den Verein, die sie als Bestätigung von dessen Wirksamkeit las. Ebenso rechnete sie es dem Verein als Erfolg an, wenn Antisemiten offiziell zurechtgewiesen wurden bzw. Menschen aus jüdischen Familien Karriere machten. Sie wusste auch politische Erfolge von Antisemiten zu relativieren, so im September 1895 nach der Wiener Gemeinderatswahl und dem dortigen „vollständigen Sieg der Antisemiten“, den Suttner auch als „Manifestation des Kriegsgeistes“ begreift: „Das Volk, das aufstrebende, das nach allgemeiner Gerechtigkeit, Frieden und Aufklärung lechzende, das würde den Sieg der Antisemiten verhindert haben, wenn es in den ‚Liberalen‘ seine wahren offenen Freunde gefühlt hätte – und wenn es überhaupt schon wahlberechtigt wäre… aber beides ist nicht der Fall. – Geduld!“[68]

Kaiser Franz Joseph verhinderte anfangs trotz dessen klarer Wahlerfolge den Antisemiten Karl Lueger als Bürgermeister; lange lavierte der Kaiser um eine klare Positionierung herum – diese forderte Suttner jedoch: „Und auf dieses bestimmte, offene, keine Mißdeutungen zulassende Wort hat jener Teil der Mitbürger ein Recht, der gegen alle staatliche Ordnung schutzlos den wildesten Schmähungen und Bedrohungen preisgegeben, der geradzu für vogelfrei erklärt ist. Dieses offene Wort heißt: Der Antisemitismus in Schrift, Wort und Tat ist eine gemeingefährliche, das Wesen der Staatsordnung, die Staatsgrundgesetze schwer verletzende Bewegung. Er kann von einer Regierung ebensowenig geduldet werden wie der Anarchismus oder andere Bestrebungen, die dahin gehen, den inneren Frieden durch Gewaltmaßregeln zu stören und einen Bürgerkrieg herbeizuführen."[69]

Diese Forderung wurde nicht erhört; Lueger wurde 1897 Wiener Bürgermeister. Suttner empörte sich in Artikeln wie im Tagebuch über dessen antisemitische Reden und die seiner Gefolgsleute: Im Mai 1898 etwa notierte sie schockiert, die Antisemiten suchten für die Verteuerung die Schuld nur an der Börse, wogegen Suttner den Spanisch-Amerikanischen Krieg und gesperrte Grenzen nennt: „Und als ein sicheres Mittel zur Hebung des Notstandes schlägt auch einer von den Freunden des Bürgermeisters vor: ‚3000 Juden aufhängen.' Oder noch besser: alle Juden zu Kunstdünger vermahlen. Letzteres war ja nur humoristisch gemeint. Die Herren können auch witzig sein..."[70] Auf lakonische Art zeigt sie ihre entschiedene Ablehnung eines solch barbarischen Humors, welcher sich ja im Laufe der Geschichte als makabere Vorhersage entpuppen sollte.

Auch in *Das Maschinenzeitalter*, ihren Romanen *Daniela Dormes* (1886), *Vor dem Gewitter* (1894), *Schach der Qual* (1898) oder *Der Menschheit Hochgedanken* (1911) stellt sie sich gegen die gefährliche Hetze – in Zeiten, als sonst kaum jemand die wirkliche Bedrohung durch den Antisemitismus auch nur ahnte.

Wie sehr sich die Suttners durch ihre Publikations- und Vereinsarbeit die Feindschaft der Antisemiten zuzogen, zeigen nicht nur deren Schmähbriefe und deren dreistes Auftreten bei den Versammlungen, sondern ebenso die Veröffentlichung von Grundbuchauszügen von ihrem verschuldeten Schlossgut Harmannsdorf in Schönerers erwähnter Zeitschrift *Unverfälschte Deutsche Worte.* Mit hämischem Bedauern schlussfolgern sie, dass die Suttners wohl gezwungen seien, den Juden Schutzdienste zu leisten.[71]

Dem war ganz und gar nicht so: Theodor Herzl, der Feuilletonchef der *Neuen Freien Presse* und mit seinem Buch *Der Judenstaat* (1896) Hauptbegründer des Zionismus, war mit den Suttners befreundet und entsandte Bertha sogar als Korrespondentin seiner zionistische Zeitschrift *Die Welt* zur Zweiten Haager Friedenskonferenz. Suttner ihrerseits wiederum nutzte ihre Kontakte zur russischen Diplomatie im Interesse Herzls, wenn auch umsonst. Doch in seiner Zeitschrift polemisiert Herzl gegen den Abwehrverein: „Es gibt Hilfeleistungen, die beschämen. Der Verein zur Abwehr des Antisemitismus demütigt gerade diejenigen Juden, die in der schweren Zeit in ihrem ungebrochenen Selbstgefühl die letzte Zuflucht suchen. Man lege uns nicht diese Worte falsch aus; sie enthalten keinerlei Hochmut oder Schroffheit [...]. Die Juden aber, die aufrechte Männer sind, wollen und müssen sich selbst wehren, und schon das wird sie ein wenig in der Achtung ihrer Gegner heben. Der Verein zur Abwehr kann uns noch ein Gutes tun: wenn er sich auflöst.“[72] Dies sollte denn auch ohne großes Aufsehen passieren.

3.7 Für Tierrechte

Als glühende Anhängerin des Darwinismus hat Suttner eine moderne Sicht auf Tiere und spricht auch im *Maschinenzeitalter* von der „ursprünglichen Tierheit der Menschheit“.[73] In der Vorlesung „Blicke in die Zukunft“ stellt sie in wenigen zentralen Schlagworten ein Gestern einem besseren Morgen stichpunktartig gegenüber: Während der Mensch im Gestern (also zu Suttners Zeit) ein Lasttier war: „Der Mensch als Lasttier“, ändert sich dies in einem zukünftigen Morgen: „Das Lasttier von der Menschlichkeit nicht ausgeschlossen.“[74] In ihrer Zeit sieht sie auch die Anfänge der Tierrechte: „Die Rohheit gegen das stumme Mitgeschöpf hört auf, straflos zu sein. Jede Tierquälerei verfällt der moralischen Verachtung und auch dem Gesetz.“[75] Das waren damals revolutionäre Aussagen, die bis jetzt in der Forschung vollständig übersehen wurden. Schon im 19. Jahrhundert klagt sie nicht nur über die Hetzjagden als aristokratisches „Vergnügen“, das sie übrigens später – etwa am Beispiel eines jagd- und kriegsfeindlichen Prinzen – in einen Zusammenhang mit dem Militarismus stellt,[76] sondern auch über schmerzhafte und qualvolle Schlachtungen oder über die brutale Überfütterung von Mastgeflügel für flüchtige Gaumengenüsse, „die mit den auferlegten Folgen in gar keinem entschuldbaren Verhältnis standen.“[77]

Abb. 10: Bertha von Suttner 1906

„Die Leute glaubten, der Abstand zwischen ihnen und den armen, wehrlosen Geschöpfen sei so groß, daß eine Abwägung der beiderseitigen Interessen und Rechte gar nicht denkbar, ja eine Beleidigung der Menschenwürde, eine Sünde wäre – und auf je niedrigere Stufe der Mensch in ethischer Beziehung stand, desto höher hielt er sich über jedes Mitgefühl für Tiere erhaben. Im Altertum dünkte sich der Freie auch von dem Sklaven so weit entrückt. Durch das Leiden eines Sklaven sich rühren lassen? Welcher Einfall? Seine Qual auch nur in die Wagschale legen gegen die Vorteile oder Genüsse seines Herrn – welche Vermessenheit!“[78]

Einmal mehr gehörte Suttner mit ihren Forderungen zu den Pionier*innen von modernen Rechtsansichten; sie fand jedoch wenig Verständnis: „Die Ersten, welche gegen solche grausame Behandlung der Sklaven, gegen deren Rechtlosigkeit Einwand erhoben, hatten wohl ebenso schweren Stand und stießen auf den gleichen Spott, wie die ersten Tierschutzvereine und Vivisektionsgegner des Maschinenzeitalters.“[79]

Ihr Antikriegsroman *Die Waffen nieder!* beschäftigt sich nicht nur mit dem Leid der Menschen durch den Krieg, sondern prangert auch das Elend der Tiere konkret an. Tilling schlägt sogar Marthas Sohn, der einen kleinen Hund – im Spiel ein feindlicher Soldat – gequält hat. „Ich bin sonst wahrlich nicht für die Prügelstrafe eingenommen, aber Grausamkeit gegen Tiere kann mich entrüsten."[80] Selbst mitten in einer Schlacht gegen die Dänen will der Oberstleutnant ein in einem brennenden Stall eingeschlossenes, verzweifelt stampfendes und schreiendes Pferd befreien, wie er seiner Frau schreibt: „Weißt Du, was ich tat? Das hat mir wahrlich keine Orden eingetragen – denn statt ein paar Dänen niederzumachen, sprengte ich auf jenen Stall zu, um das arme Roß zu befreien." Doch er konnte das Tier nur noch mit Gnadenschüssen vom „qualvollen Flammentod"[81] retten. Als er in einem Brief aus dem späteren Deutschen Krieg (1866) einen „Engel der Barmherzigkeit" nach den Schlachten erhofft, vergisst er die genauso leidenden Tiere nicht: „er hätte vollauf zu tun, den armen Wichten – Mensch und Tier – die ‚noch lebten', den Gnadenstoß zu geben."[82] Berührend berichtet er danach vom nächsten Opfer, dem Familienhund Puxl, der in den Krieg mitgekommen ist: „ein Granatsplitter hat ihm das Vorderbeinchen abgerissen ... Er kann nicht nach – verlassen bleibt er zurück und ‚lebt noch' [...]. – Mein Herrl – mein gutes Herrl, ruft er mir klagend nach, laß den armen Puxl nicht da! und sein kleines Herz bricht ... Was besonders an mir nagt, ist der Gedanke, daß das sterbende treue Geschöpf mich verkennen muß. Er hat es gesehen, daß ich mich umgewendet – daß ich seinen Hilferuf vernommen haben mußte und doch so kalt und hart ihn liegen ließ. Er weiß es ja nicht, der arme Puxl, daß einem zur Attacke vorstürmenden Regiment, aus dessen Reihen die Kameraden fallen und am Wege bleiben, nicht eines gefallenen Hündchens wegen ‚Halt' kommandiert werden kann? Von einer höheren Pflicht, der ich gehorchte, hat er keinen Begriff, und das arme, so treue Hundeherz klagt mich der Unbarmherzigkeit an ...

Daß man inmitten der ‚großen Ereignisse' und der Riesenunglücksfälle, welche die Gegenwart erfüllen, über solche Kleinigkeiten sich betrüben kann! würden viele – nicht du, Martha – achselzuckend sagen. Nicht du – ich weiß, dir tritt jetzt auch eine Träne ins Auge um unseren armen Puxl."[83]

Nicht nur Martha, sondern vielen Leser*innen ist gerade bei dieser Szene wohl eine Träne ins Auge geraten. Doch es handelt sich nicht um eine weitere Emotionalisierungsstrategie innerhalb der Abschreckung vor dem Krieg, sondern Suttner hat genuines Interesse am Tierwohl. Die Episode findet denn auch im Brief einen besseren Abschluss: Ein Soldat habe Tilling „eine große Freude gemacht und mich von einer Pein befreit, unter der ich seit sechsunddreißig Stunden litt – was er mir gebracht hat: das war mein Puxl. Verwundet zwar – ehrenvoll blessiert – aber noch lebend und *so selig*, wieder bei seinem Herrn zu sein, an dessen Benehmen er wohl erkannt haben mußte, daß er ihm mit dem Vorwurf der Lieblosigkeit unrecht getan ... Ja, war das eine Wiedersehensszene!"[84] Den Tod des Hundes am nächsten Tag konnte der tierliebe Tilling so besser verkraften.

Einer der nächsten Eindrücke sind die Qualen der Pferde, welche die Geschütze nicht aus dem Schlamm ziehen können und brutal geschlagen werden: „Nur *eine* Äußerung gibt es dafür: den Schmerzensschrei. Und es hat geschrien, jenes arme Roß, als es endlich zusammensank – einen Schrei, so langgedehnt und klagend, daß er mir noch im Ohre gellt – daß er mich die folgende Nacht im Traum verfolgt hat."[85] Der Regimentsarzt berichtet ebenso über das Szenario nach einer Schlacht: „Und die toten und halbtoten Pferde – solche, die auf den Füßen, welche ihnen geblieben sind, sich aufrichten, um wieder hinzusinken, wieder sich aufstellen und wieder hinfallen, bis sie die Köpfe heben, um ihren schmerzbeladenen Sterberuf hinauszuschreien…"[86] Das Leid der Tiere ist im Roman kein Kollateralschaden, sondern wird aufs Schärfste kritisiert.

Die Tierliebe hatte für Suttner grundlegende Bedeutung. Tierquälereien sah sie als Zeichen für eine niedere Entwicklungsstufe der Menschen. Wie tief ihre Empfindungen diesbezüglich reichten, zeigt unter anderem ein Tagebucheintrag aus dem Jahr 1914: „In der Tierliebe liegt etwas Tieferes, Rührendes-Göttlicheres als die meisten Menschen ahnen…"[87]

4. Antimilitarismus und Pazifismus

4.1 Echter Frieden

Gewaltfreiheit bzw. Begrenzung von Gewalt ist ein zentrales humanistisches Prinzip des menschlichen Zusammenlebens. Mit dem Erfolgsroman *Die Waffen nieder!* wurde der Pazifismus auch zum Lebensthema Bertha von Suttners. Doch bereits in ihrem Werk *Inventarium einer Seele* hatte sie gegen den Krieg Stellung genommen und die Abrüstung als logische Konsequenz des für sie selbstverständlichen und stets zu preisenden Fortschritts gesehen. Es sei nicht der Krieg in der Natur des Menschen, sondern der Kampf, der ebenso mit Geist, Schönheit, Geschicklichkeit bestritten werden könne: „Und so kann man sich ganz gut im Lauf der Zeit den Kampf der sich

Abb. 11: Bertha von Suttner 1905

immer mehr und mehr befestigenden Humanität gegen die Barbarei vorstellen: ein allmähliches Ausrotten der kriegsführenden Stämme durch friedliebende Nationen; ein Aussterben des Völkerhasses durch Umsichgreifen kosmopolitischer Ideen; ein Abnehmen der militärischen Ehren angesichts des wachsenden Ruhmes des Wissens und der Künste; ein sich immer enger verbrüdernder Bund der Weltinteressen gegenüber den kleinlichen, verschwindenden Sonderinteressen, und auf diese Art kann und wird durch den gesetzmäßigen ewigen Kampf der Preis des ewigen Friedens errungen werden.“[88]

In *Maschinenzeitalter* erklärt sie – noch polemischer – den Krieg als widernatürliche Umkehrung der für sie essenziellen, wenn auch nicht unproblematischen Logik, die dem Fortschritt zum Besseren zugrunde liegt: Den Krieg nennt sie „als aller Verbrechen verwerflichstes, als Maximum der Schlechtigkeit. Abgesehen von dem hunderttausendfachen Totschlag – der sich gegen einen Mord wie 100 000 zu 1 verhält – birgt der Krieg nach allen Richtungen hin die Verneinung der Entwicklung. Er verhindet die weitere Entfaltung und zerstört die bisher erlangten Früchte der Kultur, und was (immer nach dem neu gewonnenen ethischen Grundsatz) der Gipfel seiner Unmoralität ist: er kehrt das vorzüglichste Mittel der natürlichen Entwicklung – die Auslese durch Überlebung des Besseren und Stärkeren – in das gerade Gegenteil um; er liest die besten aus für den Tod, nämlich die Jungen, Starken, Tüchtigen, und den Alten, Schwachen und Krüppeln überläßt er die Fortpflanzung ihrer Untüchtigkeit. Kurz, die umgekehrte natürliche Zuchtwahl – die künstliche Degeneration. Ein von den Menschen von heute an den Menschen von morgen begangener Riesenfrevel. Zugleich der Höhepunkt der Unvernunft.“[89]

Diese Argumentationslogik ist heute schwer erträglich,[90] doch Suttner diente dieses darwinistische Argument dazu, die Widersinnigkeit und Absurdität des Krieges zu beschreiben. Mit Alfred Nobel lernte sie eine Denktradition der Erwartung kennen, nach der neue effektive Waffen den Krieg absolut sinnlos machen sollten. In ihren Memoiren erinnert sie sich an diese Diskussion beim ersten Treffen mit dem Erfinder des Dynamits. In *Inventarium einer Seele* stellt sie fest: „So steht zu hoffen, daß einst die Erfindung von immer gewaltigeren Zerstörungsmaschinen, welche endlich imstande wären, mittels eines – was weiß ich – elektrodynamischen oder magnetischexplosiven Apparats ganze Armeen auf einmal zu vernichten, dadurch die ganze Strategik aufheben und das Kriegsführen überhaupt zur Unmöglichkeit machen werde."[91] Beide Freunde – Suttner und Nobel – beeinflussten sich dann in ihrem Interesse an einer Friedensumsetzung gegenseitig. Als aktive Pazifistin brachte Suttner ihren Freund dazu, auch über seinen Tod hinaus die Bewegung auf originelle und publizitätsfördernde Weise zu unterstützen.

Insgesamt verlangte sie nach einer *echten* Kultur des Friedens, ein Frieden zwischen hochgerüsteten Ländern war für sie nur ein Waffenstillstand vor der nächsten Auseinandersetzung. Dementsprechend verweigert Martha Althaus am Romanende einen Toast: „Der bewaffnete Friede ist *keine* Wohltat ... und nicht *lange* soll uns der Krieg verhütet bleiben, sondern *immer.*"[92] Im Nachwort ihrer Sammlung *Krieg und Frieden* (1896) schreibt Suttner: „Die sogenannten ‚Segnungen' des Friedens, welche das bewaffnete Angstsystem zu erhalten strebt, die werden uns immer nur von Jahr zu Jahr garantiert, immer nur als ‚hoffentlich' noch einige Zeit vorhaltend hingestellt. Von der Abschaffung des Krieges, von gänzlicher Aufhebung des Gewaltprinzips, davon wollen die zur ‚Aufrechterhaltung des Friedens' waffenbrüderlich verbündeten Gewalten nichts wissen."[93]

Bei ihren Plädoyers schimpft sie übrigens nie auf Soldaten und Heere, sondern sie erkennt den „Geist des Kriegs" und die Erziehung dazu als Ursprung des Übels und fordert den Abbau der Kriegsursachen und Feindbilder sowie eine bewusste Propaganda für den Frieden. Keineswegs blauäugig fordert sie Abrüstung; 1912 unterstreicht sie, „daß die Friedensbewegung in ihrer gegenwärtigen Entwicklung eine eigene Wissenschaft darstellt, die sich auf andere Disziplinen – nämlich auf Geschichte, Wirtschaftslehre, Soziologie und Moralphilosophie stützt".[94]

4.2 Gegen Erziehung zum Militarismus und gegen Kriegshetze

Auch die Pädagogik war für Suttner von Interesse, denn sie sah im Erziehungswesen einen guten Teil des Übels und kritisierte es dementsprechend, in *Maschinenzeitalter* schreibt sie zum Beispiel: „Alte und neue Weltanschauung [...] lagen auf allen Gebieten im Kampfe, nirgend heftiger, als auf dem Gebiete der Erziehung, denn diese ist es, welche über dasjenige entscheidet, was jedem Einzelwesen wie jedem Gemeinwesen das wichtigste Gut ist: – der Bestand in der Zukunft."[95] Als Humanistin trat sie für eine Bildungsreform ein, von der sie eine optimale Entfaltung der menschlichen Fähigkeiten durch die Verbindung von modernem Wissen und Tugend erhoffte. Suttner kritisierte, dass der Unterricht die Errungenschaften der Forschung ignoriere. Das historische Wissen werde auf Schlachtenberichte und Regentenchroniken reduziert, Feldherren und Herrscher dabei heroisiert, während die Geschichtswissenschaft längst die Sozialgeschichte entdeckt habe. Es bleibe beim „Festhalten an Anekdotenkram"[96] und als Eigenschaften der Historiografie der „platte Schmeichelgeist, die kriechende Bewunderung der Macht, mit welcher die Lebensgeschichten siegreicher Regenten erzählt wurden."[97] Die Kinder würden nach einer Schablone geformt und zu Untertanen statt zu reflektierenden, kritischen Individuen erzogen werden.

Auch in *Die Waffen nieder!* durchschaut die Erzählerin, dass schon der Geschichtsunterricht eine patriotische, kampfbereite Haltung fördert: „Überhaupt, die *Geschichte*! Die ist, so wie sie der Jugend gelehrt wird, die Hauptquelle der Kriegsbewunderung."[98] Zeitungen und Redner bereiten die Kriege vor: „die in loyalstem und patriotisch glühendstem Tone gehaltenen Leitartikel und öffentlichen Reden; dieser ewige Appell an Tugend, Ehre, Pflicht, Mut, Aufopferung; diese sich gegenseitig gemachten Versicherungen, daß man die bekannt unüberwindlichste, tapferste, zu hoher Machtausdehnung bestimmte, beste und edelste Nation sei."[99]

Die manipulierte Kriegshetze müsse ein Ende haben, denn sie schaffe die öffentliche Meinung, auf welche sich die Machthaber wiederum berufen: „Wie hat ein Publizist einmal die Methode eine allgemeine Überzeugung wachzurufen, erklärt: ‚Ein paar Zeitungen brauchen nur durch eine längere Zeit eine Behauptung täglich zu lancieren. Gute Gründe, oder Tatsachen brauchen nicht angeführt zu werden, sondern nur wiederholen, wiederholen, täglich, und an die verschiedensten Anlässe anknüpfend.'"[100]

Der Erziehungswissenschaftler Werner Wintersteiner liest *Die Waffen nieder!* als friedenspädagogisches Programm, immerhin stellt das Buch als Bildungsroman das Gegenmodell zur militaristischen Schulerziehung – eine Friedensbildung – dar; es enthält in den Dialogen und Diskussionen eine implizite Friedensdidaktik und darüber hinaus wirkte der populäre Text selbst als Instrument der Friedenserziehung.[101] Die im Roman dargestellte harmonische Ehe liefere ein offensichtliches Beispiel einer Kultur des Friedens, die im Privaten beginne.[102]

4.3 Gegen die Rüstungsindustrie

Suttner weist darauf hin, wer die großen Gewinner des Rüstungswahns und der Kriegsführung seien – die Rüstungsindustrie, was sie in ihren *Randglossen* immer wieder konkret anspricht. Die Industrie selbst sei übernational, in ihrer Profitorientierung kümmere sie sich wenig um die Interessen einzelner Parteien: „*Rußland braucht Kanonen.* Vertreter von Krupp, Schneider und der Skodawerke sind in Petersburg anwesend. Die russische Regierung wird nach den Modellen in ihren eigenen Geschützfabriken arbeiten lassen, aber vielleicht auch einen Teil ihres Bedarfs den ausländischen Firmen zur Arbeit übergeben. In diesem Falle kämen die österreichischen mit den deutschen und französischen Fabriken in Kombination. Also *ein internationales Syndikat zur Herstellung von Vernichtungswerkzeugen für Kriege zwischen den Syndikatmitgliedern.* Wer da nicht auflacht, hat keinen Sinn für Humor."[103]

1914 benennt sie deutlich, dass diese Industrie an der Kriegshetze der Medien nicht unschuldig sei: „Man läßt uns nicht zu Atem kommen. *Immer muß alarmiert werden.* Jetzt ist es die vom Petersburger Korrespondenten der ‚Kölnerischen Zeitung' angekündigte Probemobilisierung Rußlands, die den ganzen Zeitungsblätterwald – und natürlich auch den erschreckten Bürger? – rauschen bezeihungsweise zittern macht. Der ‚unvermeidliche' Krieg ist schon wieder da. Rußland bereitet sich vor, in Deutschland und Österreich einzufallen. Der Weltbrand in Sicht. Diese schöne Sicherheit danken wir den umsichtigen Vorkehrungen der si vis pacem-Leute. In all das Getöse über Mobilisierung, Kriegsanleihen, Kriegsspiele usw. tönen die Namen Putilow-Werke, Krupp-Werke, Skoda-Werke, Vickers, Armstrong und Schneider-Creuzot hinein. Der internationalen Mordindustrie winken schöne Gewinne. Und in der spannenden Pokerpartie, die die Mächte um den Preis von Prestige und Einfluß miteinander spielen, werden immer riesigere Bluffs gewagt."[104]

4.4 Gegen Nationalchauvinismus

Nicht nur in der Lektüre erlebte Suttner schon als Kind und Jugendliche ein gutes Stück Europas. Ihre Mutter nahm sie einerseits auf Reisen in deutsche Kurorte und Spielstätten mit, andererseits verbrachte die Familie Monate – zumeist ganze Winter – in Rom, Venedig oder Paris. Ihre Sprachkenntnisse erlaubten Suttner früh erlauchte internationale Bekanntschaften – wie bei dem Aufenthalt in Homburg 1864 mit Ekaterina Dadiani, Fürstin von Mingrelien, die in Paris einen internationalen Hof führte.

Wie nicht viele Menschen ihrer Zeit pflegte Suttner eine entschlossen internationale und europäische Einstellung: Sie beherrschte mehrere Sprachen, verfolgte die Literatur und intellektuellen Debatten verschiedener Staaten, führte Korrespondenz mit bedeutenden Denkern anderer Länder, lernte diese mitunter auch kennen und ließ sich und ihre Literatur vornehmlich von Gedanken aus Frankreich und England anregen. Suttner wollte nie zu den Deutschen gerechnet werden und bezog immer wieder Stellung gegen jede „unselige Rassentheorie, auf welche sich der Arierhochmut, Germanen- und Lateinerdünkel aufbauten, die mir so in die Seele verhaßt sind.“[105]

Die Waffen nieder! kann als Plädoyer gegen jeglichen Nationalchauvinismus gelesen werden. Die in Österreich einquartierten preußischen, zuerst energisch angefeindeten Soldaten stellten sich nämlich gar nicht als Übeltäter heraus: „Dann gewahrten sie zu ihrem nicht geringen Erstaunen, daß der ‚Feind‘ eigentlich aus lauter gutmütigen, freundlichen und ehrlich zahlenden Mitmenschen bestand.“[106] Im Schloss der Familie Neuhaus treffen sich als Besatzer vollendete Gentlemen mit den geschliffensten gesellschaftlichen Umgangsformen; eine Schwester Althaus’ sollte sich gar mit einem preußischen Prinzen verloben. „Mein Vater leistete keinen Widerstand. Ich hätte geglaubt, daß sein Preußenhaß es ihm unmöglich machen würde, einen der feindlichen Krieger und Sieger in seine Familie aufzunehmen; aber sei es, daß er die individuelle von der nationalen Grenze gänzlich trennte – (ein gebräuchliches Vorgehen: ‚Ich hasse jene als Nation, nicht als Individuen‘ hört man häufig beteuern, obschon es keinen Sinn hat, ebenso wenig Sinn, als wolle einer sagen: ‚Ich hasse den Wein als Getränk, aber jeden Tropfen verschlucke ich gern‘ –

doch vernünftig braucht ja eine landläufige Phrase nicht zu sein, im Gegenteil) sei es, daß der Ehrgeiz die Oberhand gewann und eine Alliance mit dem fürstlichen Hause Reuß ihm schmeichelte.“[107]

Dieses Weingleichnis ist ein herrliches Bild. Es zeigt, wie Erfahrungen mit Individuen die verhärteten Stereotypen über die Gruppe zumeist nicht verändern, und deckt den nationalen Chauvinismus schonungslos auf.

Althaus bleibt jeglicher Patriotismus fremd, ein Wechsel der Perspektiven ist für sie leicht. Sie will in Kriegsfällen schnelle Friedensschlüsse, Gebietserweiterungen interessieren sie nicht. So ist es ihr herzlich egal, ob Schleswig zu Dänemark oder sonst wohin gehört. Tilling teilt ihre Einstellungen: „Nein – die Aussicht, auf Dänen schießen und hauen zu dürfen, war ihm keine, gar keine Wettmachung des Leides, mich verlassen zu müssen; im Gegenteil – eher eine Verschärfung: denn Töten und Zerstören widert jeden ‚Edelmenschen‘ an.“[108] Obwohl er als Soldat an Kriegen teilnimmt, kann er sich nicht zu einer Abneigung gegen die Gegner herablassen: „Zu Dänenhaß konnte ich mich nicht aufschwingen – was taten die Braven, indem sie über uns herfielen? Weiter nichts als ihre Pflicht.“[109]

„Es ist schon ein höherer Standpunkt, der über ‚Preußen‘ und ‚Österreich‘ den weiteren Begriff ‚Deutschland‘ erhebt – aber nur noch ein Schritt: und es wäre jene noch höhere Einheit erreicht, in deren Licht *jeder* Krieg – Menschen gegen Menschen, namentlich zivilisierte gegen zivilisierte – als unheilvoller Bruderkrieg erscheinen müßte.“[110]

Dass Suttner in einer tschechischen deutschsprachigen Familie der Donaumonarchie aufgewachsen ist, mag dabei eine Rolle spielen, denn in Österreich waren die Macht des Nationalismus und sein zerstörerisches Potenzial klar spürbar. Straßenkrawalle und Debatten verwiesen immer wieder auf die nationalen Unruheherde. Fast an den Beginn ihrer Memoiren stellt sie das Bekenntnis zur Übernationalität der Donaumonarchie und zum radikalen Wunsch der Bildung einer Förderation: „Unser Land ist jetzt aus Slawen, Deutschen, Kroaten, Italienern (Madjaren darf man schon gar nicht mehr nennen, die würden sich das höchlich verbitten) und noch ein paar andern Nationalitäten zusammengesetzt, aber der Sammelname ‚Österreicher‘ könnte erst dann wieder zu einem stolzpatriotischen Begriff werden, wenn all die verschiedenen Völkerschaften mit eigner Autonomie zusammen einen Föderativstaat bildeten, wie die Deutschen, Franzosen und Italiener in der Schweiz."[111]

Gerade in Österreich wandten sich auch einflussreiche Schichten gegen den Nationalismus. Die Idee der Nationalitäten griff gerade in der aristokratischen Schicht der Donaumonarchie nicht immer, so der Regimentschef in der Garnison Olmütz, wo Tilling mit seiner Gattin stationiert ist: „Und überhaupt paßt dieses ganze Prinzip nicht für Österreich, Böhmen, Ungarn, Deutsche, Kroaten – wo ist da das Nationalitätsband? Wir kennen nur ein Prinzip, das uns vereint, das ist die loyale Liebe zu unsrer Dynastie."[112]

Suttner kritisiert die Verwendung von Stereotypen und unterläuft sie in *Die Waffen nieder!* Vor den Kriegen bereiste Martha Althaus fremde Länder und fand nur freundliche, interessierte Menschen vor, Vorurteile werden als kriegsheischende Stimmungsmache entlarvt.

Multi- und Internationalität ist für Suttner von zentraler Bedeutung; sie wendet sich in *Die Waffen nieder!* gegen völkischen Nationalismus und zeigt stattdessen die Fehler starrer Verallgemeinerungen auf.

Ihre Denkweise und ihre Überzeugung waren übrigens derart übernational und kosmopolitisch, dass sie ihrem freundschaftlichen Gönner Theodor Herzl in seinen zionistischen Überlegungen nicht folgen konnte. Obwohl sie den Zionismus als Rettung vor Elend und Verfolgung akzeptierte, schrieb sie noch 1897 in Herzls Zeitschrift kritisch: „Die Nationalitätensache mit ihren Streitigkeiten und Rivalitäten und Selbstverhimmelungen ist ja im Grunde der Gegensatz zu dem übernationalen Ideal der Verbrüderung. Soll da noch eine neue Nation geschaffen werden – noch eine neue Absperrung eingeführt, ein neuer Rassenstolz entfacht werden? Seien wir froh, daß es doch eine Gattung Menschen gibt, die genug Kosmopoliten sind, um überall nur die Güter der Menschheit und nicht eines einziges Volkes zu pflegen, machen wir doch nicht aus den Juden auch noch eine getrennte, vielleicht gar kriegerische Nation – mit dieser Bestrebung würden wir ja die Berechtigung der nationalen Trennungen und Feindschaften und Überhebungen, die unseren Friedensideen ein Hemmnis sind, unterstützen!"[113]

4.5 Ein vereinigtes Europa

Suttners Hoffnung auf eine Entwicklung zu einer besseren Gesellschaft bedeutete, dass die Nationen bald kein großes Gewicht mehr haben würden. Das *Maschinenzeitalter* spricht von einem zukünftigen Europa ohne verschiedene Reiche und unterschiedliche Sprachen.[114] In den Zukunftsvorlesungen wird ja der Nationalismus der Vergangenheit verdammt und der „Völkeraltruismus" sei noch nicht bekannt gewesen. „Das Nationen-Ich über alles zu stellen, dasselbe zu loben bis zur Verhimmelung, es durch Herabsetzung, Verachtung und – wenn erforderlich – durch Vernichtung des nationalen Nächsten zu heben, war erste Bürgerpflicht. Das Gefühl der Feindseligkeit, welches die Mitglieder eines Gemeinwesens unter einander nicht nähren und nicht bethätigen konnten, ohne die moralischen und staatlichen Gesetze zu verletzen, galt als ein erhabenes Gefühl, wenn es von einem Gemeinwesen gegen das andere gehegt wurde."[115]

Suttner verlangte deswegen früh einen Staatenbund, insbesondere ein vereintes Europa als Ziel der Friedensbewegung und jeglicher vernünftigen Entwicklung in Europa. So versicherte sie ihrem Mitarbeiter Alfred Hermann Fried nach dessen begeistertem Artikel für ein vereintes Europa 1901 brieflich: „Das Europäertum erwacht, wie anno 40 nach Christi Geburt das Christentum erwachte, das heißt, wir werden dessen Triumph kaum erleben; zuerst werden sich noch die hundert Natiönchen durchsetzen wollen: *das* ist die Krankheit unserer Zeit."[116] Dabei strebte sie nicht nur die Friedensunion an, sondern einen umfassenden wirtschaftspolitischen Bund ohne Zoll- und Handelsschranken.

Diese positive Vision vermittelt auch ihr großer Roman. Martha Althaus wünscht sich einen europäischen Völkerbund, der jeglichen Krieg verhindern würde: „warum schließen denn nicht die sämtlichen gesitteten Mächte Europas einen Bund? Das wäre doch das einfachste."[117] Voller Zuversicht glaubte sie an ein zukünftiges vereintes Europa.

Immer wieder unterstrich die Autorin später selbst die Bedeutung dieser Idee. Am Friedenskongress in Berlin 1892 reichte sie mit anderen Abgeordneten einen Antrag mit dem Titel „Europäischer Staatenbund" ein, der auch im Interesse der Handelsbeziehungen sei. Gerade darin sah sie praktisch den Höhepunkt ihrer

Friedensbemühungen und die wirkliche Garantie für anhaltenden Frieden: „*Wäre* schon ein verbündetes Europa vorhanden, das nicht gegeneinander Festungen und Zollschranken erhebt, das als obersten Völkermoralgrundsatz die Aufhebung der Gewalt, der Selbsthilfe und des Eroberungsrechtes proklamiert hätte, dann wären alle die heutigen Gefahren nicht vorhanden, da wäre jede fernere Friedensbewegung überflüssig.“[118]

Dabei nannte sie durchaus exakte Vorbilder für die Idee, „die als das konkret politische Ziel des Pazifismus verkündet und angestrebt werden soll: die Verschmelzung der getrennten Allianzen zu einem – festungs- und zollschrankenbefreiten – *Europabund. Paneuropäische Union.* Nach dem Beispiel nicht der Vereinigten Staaten Nordamerikas, die nur eine Zentralregierung haben, sondern nach dem Beispiel der Union der amerikanischen Republiken“.[119]

Noch kurz vor dem Ersten Weltkrieg und ihrem Tod beharrte sie auf dieser Idee, gerade weil die Kriegsgefahr in Europa erneut so groß war: „‚Europa‘ ist schon mehr als ein geographischer Begriff, es ist – man könnte sagen – eine latente Persönlichkeit geworden. Es handelt und verhandelt, es wird angerufen, es verkündet laut, daß die Verhütung eines europäischen Krieges sein höchstes Ziel sei und richtet danach seine Konferenzbeschlüsse; es steckt Grenzen ab, es entsendet Schiffe und Truppen – nur eines fehlt ihm noch: die Existenz. Es besteht ja noch – im politischen Sinne aus gegnerischen Gruppen, die sich gegenseitig zu balancieren und zu imponieren trachten, wobei jede sich selber dem wirtschaftlichen Ruin entgegentreibt. ‚Ein geeinigtes, verbündetes Europa‘, dies hat fortan das Losungswort des geklärten Pazifismus zu sein. Das kann man nicht oft genug wiederholen.“[120]

4.6 Schiedsgerichte und internationale Kooperation

Es war kein einseitiges Verlangen nach Abrüstung, das Suttner forderte, vielmehr bestand sie auf verbindlichen Sicherheitsgarantien unter den Ländern. Dazu sollten Streitigkeiten zwischen Staaten verlässlich und autoritativ von einer unabhängigen Rechtssprechungsinstanz geklärt werden – die Voraussetzung schlechthin für einen dauerhaften Frieden und wirkliche Abrüstung.

Abb. 12: Bertha von Suttner 1911

Die 1889 gegründete „Interparlamentarische Union" schlug den einzelnen Regierungen vor, sich für die Einrichtung internationaler Schiedsgerichte einzusetzen. Diese – von Suttner in Österreich unterstützte – Friedensorganisation bestand aus Parlamentariern aus den meisten europäischen Ländern. Immerhin 1.500 Parlamentarier verpflichteten sich um die Jahrhundertwende, in ihren nationalen Parlamenten für internationale Schiedsgerichte und Abrüstung einzutreten: Die Union wollte ein künftiges europäisches Parlament vorwegnehmen und eventuell sogar in ein Weltparlament überführen. Nicht zuletzt weil Sozialisten die Union boykottierten, zeigte sie sich weniger effektiv als von Suttner gewünscht. Die Abgeordneten nahmen die Reiseeinladungen zu Kongressen gerne an, ihr pazifistisches Engagement in den nationalen Parlamenten hielt sich dann aber in Grenzen.

Suttner war bewusst, dass einzelne Friedenskonferenzen nicht alle Probleme einer so komplexen Problematik lösen können; sie sah sie als Etappen einer langen Entwicklung. So etablierte die erste Haager Konferenz 1899 ein Ständiges Schiedsgericht, dessen

Autorität jedoch darunter litt, dass sich einige Staaten weigerten, dessen Schiedsgerichtsbarkeit obligatorisch anzuerkennen. Immerhin existiert es bis heute und hat durchaus eine Erfolgsbilanz aufzuweisen. Die zweite Konferenz von 1907 legte wichtige Teile des Kriegs- und Humanitätsrechts fest, ein nur mäßiger Erfolg in Suttners Augen. Dementsprechend kritisierte sie auch die Abgeordneten: „Ist es nicht sonderbar? Medizinische Kongresse werden mit Ärzten beschickt, die sich über Heilverfahren einigen. An Frauenkongressen beteiligen sich Frauen, die für Frauenrechte einstehen, in Antialkoholikerkongressen versammeln sich Abstinente, die für die Abschaffung der Trinkunsitten kämpfen – nur zu der Friedenskonferenz werden hohe Militär-Experten delegiert, die die Unvermeidlichkeit des Krieges verkünden und über die Führung der künftigen Schlachten zu Land, zu Wasser und zur Luft statuieren."[121]

Immerhin funktionierte das Ständige Schiedsgericht in Den Haag. Dessen Mitglied, der engagierte Diplomat und Politiker Baron Paul Henri d'Estournelles de Constant (Friedensnobelpreis 1909) konnte 1902 bei einer Vortragsreise durch die USA den Präsidenten Theodore Roosevelt überzeugen, für eine ungelöste Streitfrage mit Mexiko das Haager Tribunal anzurufen. Damit konnte es den Betrieb aufnehmen, was Suttner enthusiastisch feierte: „So ward durch die Hingebung eines einzelnen, unterstützt von der Tatkraft eines Mächtigen, jene Maschine in Bewegung gesetzt. Es war der Welt der Beweis gegeben, daß sie funktionieren *kann.* Natürlich berufen sich die Gegner darauf, daß es ja ein ganz unbedeutender Fall war, der da überwiesen wurde – als ob nicht auch schon unbedeutende Fälle zum Kriege geführt hätten! Nicht auf den Fall kommt es an, sondern auf die Methode."[122]

Suttner konzentrierte sich auf die Bestrebungen, das Haager Schiedsgericht weiter zu stärken und die Bestimmungen auszubauen. Sie feierte jede gewaltlose Beilegung von internationalen Streitfragen wie die Ablösung Norwegens von Schweden 1908 oder Friedensabkommen wie den englisch-amerikanischen Schiedsvertrag 1911 – und hoffte auf Nachahmung. Dass sie nicht alleine die Bedeutung dieser Schritte wahrnahm, mag ein begeisterter Brief des österreichischen Schriftsteller Hermann Bahr, des Programmatikers der Wiener Moderne schlechthin, belegen: „Ich muss bekennen, daß auch ich immer einer von den Ungeduldigen war und nicht den Mut hatte, an das Internationale Schiedsgericht zu glauben. Es waren mir zu viele Minister, Diplomaten, Generäle dabei, die doch am Krieg alle sozusagen ein Geschäftsinteresse haben. Bekehrt hat mich erst die Verständigung Großbritanniens mit den Vereinigten Staaten: Dies ist das größte weltgeschichtliche Ereignis, das ich erlebt habe, ja die größte politische Tat unserer ganzen Zeit."[123]

4.7 Die Warnung vor dem Zukunftskrieg

Suttner sah nicht nur die Gräuel der Kriege des 19. Jahrhunderts, sondern warnte eindringlich vor den technischen Möglichkeiten der zukünftigen Kriege. Den Weltkrieg sah sie stets vor sich – nicht nur in *Die Waffen nieder!* reflektiert die Erzählerin Martha Althaus, ob der „über unseren Häuptern schwebende europäische Riesenkrieg"[124] tatsächlich ausbrechen werde – einschließlich seiner verheerenden Wirkung, die mit den beschriebenen Kriegen des 19. Jahrhunderts nichts mehr gemein haben würde: „Bei der Furchtbarkeit der gegenwärtig erreichten Waffentechnik, bei der Massenhaftigkeit der Streitkräfte wird der nächste Krieg wahrhaft kein ‚ernster', sondern ein – es gibt kein Wort dafür –, ein Riesenjammer-Fall sein...".[125] Bereits ein Jahr zuvor zeigte Suttner ihre klare Sicht auf die moderne Kriegstechnik in der Essaysammlung *Das Maschinenzeitalter:* „Die Wucht des so bereitwillig gezogenen Schwertes wurde aber – immer gewaltiger und gewaltiger. Denn es verkörperte sich nicht mehr in einer mit mehr oder minder Geschick geschwungenen Klinge, sondern in unabsehbaren Zügen feuerspeiender Maschinen, in auf immer größere Entfernung geschleuderten totgefüllten Bomben, die dort, wo sie einfielen, immer weitere Vernichtungskreise zogen. Durch die Lüfte, in stets höheren Bogen, unter dem Wasser, mit stets wachsender Sprengkraft flogen die Granaten, schwammen die Torpedos; mit zunehmender Leichtigkeit und Schnelligkeit stürzten die Brücken in den Abgrund, flogen die Schiffe in die Luft, fielen die Mauern dröhnend zu Schutt; in immer riesigeren Haufen thürmten sich die Leichen; immer dicker qualmten die pest- und cholerabrauenden Dünste; immer gellender klang der Schmerzensschrei der in Wundenqual sich windenden Männer [...] Es drohte noch fürchterlicher zu kommen. Mit den sich stets mehrenden Erfindungen, mit der Entdeckung immer mächtigerer Sprengstoffe, mit der schließlichen Bewältigung der Elektrizität zu strategischen Zwecken wurden die Kriege zu derart vernichtenden Katastrophen, daß sie sich zu den Feldzügen früherer Zeiten etwa so verhielten, wie der Telegraph zur Fußpost."[126]

Ihr Lebenswerk war ihr Engagement gegen diesen Weltkrieg, was der gut gewählte Titel für die umfangreiche Sammlung ihrer *Randglossen zur Zeitgeschichte*, die sie zwischen 1892 und 1914 für die Zeitschriften *Die Waffen nieder!* bzw. für das Nachfolgeorgan *Die Friedenswarte* verfasst hat, prägnant zusammenfasst: *Der Kampf um die Vermeidung des Weltkriegs.* Der Titel dieses Doppelbands stammt übrigens nicht von der Autorin selbst, sondern vom Herausgeber, ihrem Mitstreiter und Nachlassverwalter Alfred Hermann Fried. Das Werk wurde nach seinem Erscheinen in einem Schweizer Verlag 1917 in Österreich-Ungarn und Deutschland verboten. Im Krieg schienen die Gedanken der verstorbenen Pazifistin zu brisant.

In diesen Texten setzt sie sich auch mit der neuen Kriegstechnologie, mit den Bombenflugzeugen, Panzern und Maschinengewehren und deren Auswirkungen auf die Soldaten und den Krieg auseinander. Die „Schnellfeuergeschütze" erregten ihre Aufmerksamkeit während des Burenkriegs, der Faschoda-Krise oder des Kampfes um die Mandschurei. Sie weiß „von dem 500 Schuß in der Minute feuernden Geschütz" und stellt Vermutungen an von „noch ungenannten Sprengstoffpillen, die, aus Wolkenhöhe herunterregnend, in ein paar Sekunden eine Stadt zertrümmern würden",[127] von „[...] todbringenden Bomben[, die] in Meilenweite durch den Raum [sausen]; noch lange, ehe die beiden Gegner einander sehen können, bedeckt die Vorhut schon das Feld."[128] Nicht die Heere werden geschlagen – „es sind ja die Völker, die ganzen Völker selber."[129] Die Resultate zeichnet sie in ungeheuerlichen, aber realistischen Dimensionen: „Jedes Dorf eine Brandstätte, jede Stadt ein Trümmerhaufen, jedes Feld ein Leichenfeld und noch immer tobt der Kampf: unter den Meereswellen schießen die Torpedoboote, um mächtige Dampfer in den Grund zu ziehen; in die Wolken steigen bewaffnete und bemannte Luftschiffe einer zweiten äronautischen Truppe entgegen [...]".[130]

Bereits 1911 nach dem italienisch-türkischen Libyenkrieg wusste Suttner um die Tragweite der damals neu eingesetzten Luftwaffe und analysierte die Konsequenzen der neuen Kriegsführung in *Die Barbarisierung der Luft* (1912) treffend. Ihre Prognosen gehen aber weit über den Ersten Weltkrieg hinaus, wenn sie sich unbemannte Boote und Flugzeuge ausmalt und auf die Gefahr von chemischen und biologischen Waffen hinweist.

In ihren letzten Lebensjahren verfolgte sie im Detail die Vorgänge in Südosteuropa – mit dem gebührenden Interesse und in genauer Kenntnis der möglichen Konsequenzen. Die Österreicherin erkannte klar das Gefahrenpotenzial der Balkankriege. 1908 schreibt sie hellsichtig: „der Weltkrieg wird kommen, und ein kleiner Zwischenfall in den Balkanländern wird ihn entfesseln."[131] Nach der Annahme des österreichischen Ultimatums und dem serbischen Abzug aus Albanien 1913 warnt sie, dass Russland sich in solch einem „kleinen Zwischenfall" an die Seite Serbiens stellen und es nicht bei einem lokalen Krieg bleiben werde. Im April 1914 stellt sie klar: „Auf dem Balkan ist das Morden und Mordbrennen noch lange nicht zu Ende."[132]

5. Die Kritik an Suttners Gedanken und Werken

5.1 Attacken und Vorwürfe

Als weibliche Intellektuelle und Aktivistin wurde Suttner oftmals angegriffen und als naiv und sentimental verunglimpft. Selbst in wissenschaftlichen Arbeiten über Suttner besteht immer wieder eine auffallend große Distanz zu ihr. Oft wird sogar explizit klargemacht, dass man ihr wenig intellektuelle Größe zugesteht.

Die Gründe dafür sind im Wesentlichen die stets wiederkehrenden Anwürfe gegen Suttner: Naivität, Sentimentalität, Eklektizismus, Misserfolg, mangelnde literarische Qualität, vermeintliche Ignoranz gegenüber den sozialen Verhältnissen ihrer Zeit sowie Eurozentrismus. Diese Kritikpunkte sollen in Folge genauer unter die Lupe genommen werden. Dabei geht es nicht darum, Bertha von Suttner als unantastbar und unkritisierbar darzustellen oder sie gar zu heroisieren. Aber es fällt auf, dass sie Urteile treffen, vor denen andere Denker und Literaten gänzlich verschont werden.

Diese Vorurteile werden nunmehr seit über 100 Jahren fortgeschrieben: An Hochachtung und an respektvoller Kenntnisnahme fehlte es Suttner nämlich schon zu Lebzeiten: als „Närrin“ und als „Gschaftlhuberin“ wurde sie geschmäht und verlacht, als „Friedensbertha“, „Judenbertha“, „rote Bertha“ oder „dicke Bertha“ verhöhnt – die ständige Verwendung des Vornamens diente dabei zur Verharmlosung und Lächerlichmachung ebenso wie zur despektierlichen Betonung ihres Geschlechts. Die wichtigsten Vertreter der österreichischen Intelligenz – allen voran Karl Kraus – machten sich lustig über Stil und Inhalt ihrer Texte, über manch schwache Erträge bei Kollekten und über ihre umtriebige Vereinstätigkeit.

Dazu kommt, dass sich das deutschsprachige kollektive Gedächtnis vor allem in einer Weise an ihren Namen erinnert, die ihrem Leben und Wirken Hohn spricht: Die bekannteste Waffe des Ersten Weltkrieges heißt die „dicke Bertha“ – ein schweres Geschütz, hergestellt vom Rüstungskonzern Krupp. Auch wenn der Mörsername möglicherweise einfach aus dem Buchstabier-Alphabet kommt oder sich auf Bertha Krupp bezieht, wurde er gerne zur Verunglimpfung der Friedenskämpferin genutzt. Es ist weniger eine Ironie der Geschichte als vielmehr blanker Zynismus, dass der Name der Pazifistin im Zusammenhang mit dem vernichtenden Geschütz steht, das seine Popularität insbesondere den tödlichen Einsätzen gegen belgische und französische Festungsanlagen 1914 verdankt.

5.2 Naivität und Eklektizismus

Selbst Brigitte Hamann, die bedeutendste Suttnerbiografin, sieht sich immer wieder veranlasst, ihre Distanz gegenüber der Protagonistin ihres Werkes zu betonen. Schon auf der zweiten Seite ihrer Biografie hält sie Suttners Glaube, die Menschheit würde sich auch auf sittlichem Gebiet veredeln und zum Besseren hin entwickeln, für „wohl etwas naiv“,[133] während eine ähnliche Hoffnung bei Alfred Nobel als intellektuell anspruchsvoll gilt.[134]

Ist der zentrale Vorwurf der Naivität, der auch in dieser terminologischen Formulierung als Konstante der Suttnerforschung auftaucht, berechtigt? Ihr fester Glaube an die Evolution des Menschen vom Hass zur Liebe, von der Bestialität zur Humanität, mag aus heutiger Sicht etwas weltfremd wirken. Doch darf dabei nicht vergessen werden, dass die Mehrzahl der Intellektuellen des 19. Jahrhunderts von einem evolutionären Menschenbild ausgingen – von Karl Marx bis Friedrich Nietzsche – und dass der im 19. Jahrhundert vorherrschende Fortschrittsglaube oft auch die Vorstellung von einer sittlichen Verfeinerung des Menschen beinhaltete. Dem Vorwurf des Eklektizismus – bezüglich der Lehren Darwins und Haeckels – war außer ihr kaum jemand ausgesetzt. Und das, obwohl Suttner keineswegs von einem Automatismus der moralischen Höherentwicklung ausging, sondern vielmehr betonte, dass die Bedingungen dafür bewusst herbeigeführt werden müssen.

Auch in einer anderen Hinsicht lässt sich das Bild von der naiven Friedensbotin Suttner nicht bestätigen. Wenn Suttner propagierte, schon das 20. Jahrhundert werde das Ende aller Kriege herbeiführen, hat das weniger mit Naivität zu tun als mit einem strategischen Optimismus, der für die Propagandaarbeit unabdinglich war. Aus Briefen und Tagebucheinträgen, aber auch aus ihren *Randglossen* wissen wir, dass sie durchaus die politischen Lagen realistisch einzuschätzen wusste. Insbesondere war ihr die Gefahr eines künftigen Weltkriegs für die gesamte Zivilisation so bewusst wie kaum einem ihrer Zeitgenossen. Nicht umsonst spricht der Historiker Christopher Clark von den europäischen Machthabern – ausschließlich Männern – als „Schlafwandler", die nahezu blind – naiv? – in die Urkatastrophe des 20. Jahrhunderts hineintappten.[135]

Stefan Zweig schrieb bereits 1914 an seinen französischen Freund Romain Rolland: „Ich wie Sie haben doch alle geglaubt, dieser Krieg werde verhindert werden können und *nur* darum haben wir ihn nicht genug bekämpft, als es noch Zeit war. Ich sehe manchmal die gute Bertha von Suttner vor mir, wie sie mir sagte: ‚Ich weiß, ihr haltet mich alle für eine lächerliche Närrin. Gebe Gott, daß ihr Recht behalten möget.'"[136]

1918 bekannte Zweig sich dann öffentlich zur Bedeutung Suttners in der *Neuen Freien Presse*: „Aber eben diese Frau, von der man meinte, sie habe nichts als ihre drei Worte der Welt zu sagen, hatte den tiefsten Gedanken der Gegenwart mit kräftiger Hand an der Wurzel gefaßt [...] Sie schrak nicht zurück, das scheinbar Unerreichbare zu fordern. Sie wußte ja selbst besser als jeder andere um die tiefe Tragik der Idee, die sie vertrat, um die fast zernichtende Tragik des Pazifismus, daß er nie zeitgemäß erscheint, im Frieden überflüssig, im Kriege wahnwitzig, im Frieden kraftlos ist und in der Kriegszeit hilflos. Dennoch hat sie es auf sich genommen, zeitlebens für die Welt ein Don Quichotte, der gegen Windmühlen ficht. Aber heute wissen wir es schauernd, was sie immer wußte, daß diese Windmühlen nicht Wind, sondern die Knochen der europäischen Jugend zerreibt.“[137]

5.3 Sentimentalität und Wirkungslosigkeit

Der im Konzentrationslager der Nationalsozialisten umgekommene Friedensnobelpreisträger Carl von Ossietzky sah in Suttners „naiver“ Arbeit gar den Geburtsfehler des deutschen Pazifismus: „Es ist wahrscheinlich das Schicksal der Bewegung gewesen, daß ihr Ausgangspunkt war der larmoyante Roman einer sehr feinfühligen und sehr weltfremden Frau. Das übergewöhnliche und reine Wollen der Suttner in allen Ehren, aber sie fand für die Idee keine stärkere Ausdrucksform als die Wehleidigkeit. Sie kämpfte mit Weihwasser gegen Kanonen […] Wie so viele Frauen, die aus reiner Weiberseele für die Verwirklichung eines Gedankens kämpfen, der männliche Spannkraft und ungetrübten Tatsachenblick erfordert, glitt sie ins Chimärische, glaubte bekehrt zu haben, wo sie ein paar Krokodilstränen entlockt hatte, blieb sie im Äußerlichen haften, anstatt bis zum Sinn vorzustoßen, und streifte sie in der Art sich zu geben, da ihr die prägnante Form mangelte, schließlich den Kitsch. So war um die ‚Friedensbertha‘ allmählich ein sanftes Aroma von Lächerlichkeit, und dieses Aroma ist der deutschen Friedensbewegung unglücklicherweise geblieben bis zum heutigen Tag. Und es hat nach außen hin so stark gewirkt, daß auch die tüchtigsten und bedeutendsten Männer es nicht haben beseitigen können. Der Pazifismus trug für die Menge stets das Cachet des Exklusiven, ärger noch, des Unmännlichen.“[138]

Statt einer argumentativ versierten Kritik kocht Ossietzky hier misogyne Klischees hoch, um Suttner jegliche intellektuellen Kapazitäten abzusprechen.

Selbst Alfred Hermann Fried wandte sich teilweise von seiner Mentorin ab, indem er ihrem sogenannten „sentimentalen Pazifismus“ einen wissenschaftlichen gegenüberzustellen suchte. Auch hierbei findet sich ein bis heute tradierter Vorwurf, der Suttners Wirken einseitig auf einen bloß gefühlsmäßigen Pazifismus reduziert. Demgegenüber kontrastieren die Politikwissenschaftlerinnen Eva Kreisky und Marion Löffler, dass ihr „Friedensappell […] nicht nur Emotionalität und Empathie [folgte], er war auch analytisch überaus zutreffend und wissenschaftlich wohlbegründet.“[139] Mit ihrem zentralen Roman *Die Waffen nieder!* wollte Suttner der Friedensbewegung „einen kleinen Dienst“ erweisen – und als politisches Manifest sei *Die Waffen nieder!* auch zu lesen, ein Manifest, das die Friedensbewegung weltweit erfolgreich stimuliert hat: „Bertha von Suttners Friedensideen als idealistisch und obendrein emotionalisiert abzutun, geht am Roman *Die Waffen nieder!* völlig vorbei. Ideenhistorisch steht dieses Werk an der Schnittstelle zwischen ‚regulatorischem Liberalismus‘, der von durchaus realistischen Annahmen ausgehend auf die Notwendigkeit internationaler Normen und Organisationen zur Friedenssicherung hinwies, und ‚republikanischem Liberalismus‘, der von einem Zusammenhang zwischen innerstaatlicher Herrschaftsorganisation (Demokratie) und Außenverhalten (Frieden) ausging. […] Suttners Analyse galt aber vor allem den Hindernissen, die der Verwirklichung pazifistischer Ideen in modernen Nationalstaaten im Wege stehen.“[140]

Dabei habe – so Kreisky und Löffler – Suttner für politikwissenschaftliche und völkerrechtliche Studien theoretisch fundiert geschrieben und ideenhistorisches Neuland betreten. Mit ihrer Analyse der Zusammenhänge zwischen Sozialisation, insbesondere Erziehung sowie Geschlechterrollen, imperialistischen Strategien und Krieg kann sie noch heute wichtige Anhaltspunkte liefern.[141]

Ähnliches gilt für Suttners Vereinsarbeit: Wirkungslos sei sie gewesen, liest sich der Vorwurf, denn – so die absurde Begründung – der Weltkrieg wurde durch sie nicht verhindert. Aber hätte sie denn mit einer politischen Partei reüssieren können? Wohl kaum, denn die damalige Gesetzeslage Österreichs erlaubte Frauen keinerlei Parteiarbeit; selbst die Mitgliedschaft war ihnen verboten; darüber hinaus hatten sie weder aktives noch passives Wahlrecht. Darum blieb Suttner nur die Arbeit in einem überparteilichen, humanitären Verein. Gerade bei der gesellschaftlichen Tätigkeit Suttners muss man aufpassen, nicht die diskriminierende Gesetzeslage zu einem Vorwurf an die Diskriminierte umzumünzen. Von der realen Benachteiligung zeugte die rein aus Männern zusammengesetzte Interparlamentarische Union, an deren Treffen und Erfolge Suttner jedoch tatkräftig mitarbeitete, was nicht bedeutete, dass sie zu den

Abendempfängen geladen wurde oder ihr ein Sitzplatz zugewiesen wurde – so musste sie bei der Interparlamentarischen Konferenz in Berlin 1908 als Friedensnobelpreisträgerin auf der Galerie sitzen.[142]

Der humanitäre Verein war also die einzige Möglichkeit für die „Gschaftlhuberin" sich zu betätigen und der Sache zu dienen. In dem Vorwurf mag früh schon Neid mitklingen, denn nicht viele konnten mit Suttners Sprachkenntissen, ihrem gesellschaftlichen Auftreten, ihrem Selbstbewusstsein und Optimismus mithalten. Alfred Hermann Fried, ihr kritischer Weggefährte im „Friedenskampf" profitierte mehrfach von ihrem Ratschlag – angefangen von Umgangsformen bis hin zu seinen Übersetzungen, die sie mehrfach korrigierte.

5.4 Die Qualität ihrer Literatur

Frauen wurden kaum als große Schriftstellerinnen akzeptiert, sondern nur als Vermittlerinnen einer Idee, als feinfühlige Anklägerinnen von Missständen und als engagierte Streiterinnen. Damals wie heute wird die vorhandene literarische Qualität ihres zentralen Romans *Die Waffen nieder!* nicht ernst genommen, der, wie bereits dargestellt, in realistisch-naturalistischer Schreibweise die Gräuel des Krieges eindringlich zu schildern vermag. Auf inhaltlicher, kompositorischer und sprachlicher Ebene hat sie Schreibweisen und literarische Strategien vorbereitet, mit denen später die Erfahrungen aus dem Ersten Weltkrieg bewältigt werden sollten. Gerade die personale Erzählhaltung, die vorgebliche Autobiografie und die halbfiktionale Herangehensweise finden sich in einer großen Zahl späterer literarischer Bearbeitungen des Kriegs. Suttners Verbindung von subjektiver und objektiver Authentizität, die Episodenstruktur und die Übergänge zu dokumentarischen Darstellungen scheinen Programm geworden zu sein. Ludwig Renn zum Beispiel montiert in seinem autobiografisch geprägten Frontroman *Krieg* (1928) Heeresberichte, Kriegsgeschichtsschreibung und Offiziersmemoiren; Edlef Köppen in *Heeresbericht* (1930) fügt historische Dokumente, Zeitungsartikel, Musterungsbescheide, technische Beschreibungen und offizielle Stellungnahmen in den Erzählgang. Auch der in Suttners Roman wichtige Kontrast von Kriegsgräuel und privatem Glück bzw. Familienleben bleibt einer der bedeutendsten Kniffe der Kriegsdarstellung. Die in der Literatur dann oft reflektierte Unmöglichkeit des objektiven Überblicks in einem modernen Krieg nimmt Suttners Roman vorweg. Ihre Erzählerin meint lakonisch: „Alle Seiten der Frage beleuchten? Gewiß nicht!“[143]

Die angesprochenen Themen gehen weit über einen sogenannten „sentimentalen Pazifismus“ hinaus und berühren Aspekte, die geeignet waren, den kriegerischen Heroismus und die dahinterstehenden Männlichkeitsbilder zu dekonstruieren, wie zum Beispiel ganz drastisch die Entmannung von Soldaten im Gefecht. Ernst Toller verarbeitete diese Idee in seinem *Hinkemann* (1923) gute dreißig Jahre später und sollte dafür gefeiert werden, das Defizit des dramatischen Helden sowie den männlichen Körper als Kriegsmaschine und dessen Entwertung exemplarisch dargestellt zu haben.

Selbst ihr großer Kritiker Karl Kraus weist manche Parallelen zu Suttners Arbeit auf, vor allem in seinem Monsterdrama *Die letzten Tage der Menschheit* (1918/1919 und 1922), für das er sich einer Montagetechnik bedient. Auch die für Kraus so typische Sprachkritik, die Kritik an der Medialisierung und Propaganda sowie die Entlarvung der hohlen Phrase spielen bereits in Suttners Arbeit eine zentrale Rolle. Nicht unähnlich wie später beispielsweise Bertolt Brecht in seinen *Flüchtlingsgesprächen* (1940) durchdenkt sie das sonst für Naturkatastrophen verwendete Verb „ausbrechen“ in Bezug auf den Krieg: „Der Krieg ‚ist ausgebrochen‘. Man vergißt, daß es zwei Haufen Menschen sind, die miteinander raufen gehen und faßt das Ereignis so auf, als wäre es ein erhabenes, waltendes Drittes, dessen ‚Ausbruch‘ die beiden Haufen zum Raufen zwingt.“[144] Suttner geht schon früh gegen den „elende[n] Phrasenschwall“ vor[145] – zum Beispiel wenn sie 1913 eine Glosse mit den Worten beginnt: „Der Friede – was man so Friede nennt – ist in Bukarest unterzeichnet worden und hat dem Beuteverteilungskrieg zwischen den Balkanverbündeten ein Ende gemacht – was man so ein Ende nennt.“[146] Sie übersetzt politische Phrasen ins „Militärische“ bzw. ins „Pazifistische“ und zeigt dabei deren wahrhaftige Bedeutung.[147]

Grundsätzlich kannte Suttner ihre Rolle im Literaturbetrieb und wollte sich literarisch weiterentwickeln: „Nur eines ist mir zum klaren Bewußtsein gelangt: daß mir durch die Ergreifung des schriftstellerischen Berufes die schwere Aufgabe erwachsen, unablässig vorzuschreiten, meinen Gedankenkreis zu erweitern, mit einem

Wort – trotz des reifen Lebensalters – zu lernen, zu lernen, zu lernen!"[148]

Doch die Notwendigkeit, vom Schreiben Einkünfte zu erzielen – neben der aufreibenden Kleinarbeit und der aufwendigen Organisationstätigkeit der Friedensarbeit –, hielt sie von dem ersehnten Fortschritt ab. Geld war am leichtesten mit simpler Unterhaltungsware, mit Fortsetzungsromanen und Novellen zu verdienen. So mag der gelungene Roman von der großen Zahl oft minderwertiger Brotarbeit überschattet sein, die Suttner für Familienblätter und Romanzeitschriften wie die *Neue Illustrierte Zeitung*, für *Über Land und Meer*, die *Gartenlaube*, das *Berliner Tagblatt*, die *Deutsche Romanbibliothek*, *Deutsches Montagsblatt* und den *Salon* – unter höchst unbequemem Zeitdruck und in größter Eile ablieferte. Sie verfasste ihre Texte gewerbsmäßig im Stil der damals üblichen „Frauenliteratur", situierte sie in der aristokratischen Gesellschaft und beließ stets Liebe als zentrales Thema. Wechselnde Qualität ist dabei ein höflicher Ausdruck, viele der Werke sind schlicht und einfach Trivialliteratur, auch wenn anspruchsvolle gesellschaftliche Themen angesprochen werden.

Suttner machte sich über die Qualität mancher ihrer Werke keinerlei Illusionen, versuchte so beispielsweise den kritischen Freund Bartholomäus von Carneri vom Lesen abzuraten: „Aus der Novelle ist ein elender ‚Schmarrn' geworden. Man soll nichts auf Bestellung, alles nur aus Herzensdrang arbeiten."[149] Eine größere Zahl anderer selbstkritischer Kommentare bezüglich ihrer Texte sind erhalten. Hart zieht sie Bilanz: „Wenn ich denke, was ich an Romanen, die ich schreiben *könnte*, der Friedensarbeit opfere, so kann ich das pekuniär auf jährlich ziemlich viele Tausend beziffern – und an literarischem Wachstum nebenbei. So gehe ich im literarischen Ruf *zurück*."[150]

Ihre sehr direkte Auffassung des Realismus – „Es gibt nur einen obersten Grundsatz der Moral... und derselbe heißt: Wahrheit. Alle Ehr' und Ehrlichkeit beruht auf Wahrung des Wahren"[151], gepaart mit dem Interesse, Belehrungen und Ideen in der Literatur unterzubringen – mochte im Wien des modernen Ästhetizismus dem literarischen Ruf nicht förderlich gewesen sein; dem heutigen Leser macht sie die Lektüre nicht weniger beschwerlich.

Suttner selbst sah sich nie als einzigartige Literatin. Selbst im Hinblick auf ihren Erfolgsroman wusste sie: „neun Zehntel des erlangten Beifalls bringe ich auf Rechnung der Tendenz meines Buches."[152] Sie erklärte den Erfolg schlicht mit der Wirkung des Zeitgeists. Doch wenn auch kein Meisterwerk im literarhistorischen Sinn, bleibt es ein Buch mit literarischen Qualitäten, die eine entsprechende Würdigung verdienen. Die Literaturwissenschaftlerin und -kritikerin Evelyn Polt-Heinzl befindet beispielsweise, dass der Roman als „Roman und Zeitdokument, auch für die Lebensbedingungen bürgerlicher Frauen in der zweiten Hälfte des 19. Jahrhunderts, [...] durchaus heute noch lesbar" ist und nennt ihn komplex und differenziert gestaltet.[153]

5.5 Die Unkenntnis anderer sozialer Schichten

Insbesondere der Umstand, dass Suttners Literatur in aristokratischen Milieus stattfindet und sie ihre Vereinsarbeit eher auf ein Publikum der „höheren Stände" ausgerichtet hat, führt zur oftmals wiederholten, im Lichte ihres Wirkens aber recht merkwürdigen Vorhaltung: Suttner pflege eine aristokratische Borniertheit, die zu einer Ignoranz der ökonomischen und sozialen Armut in ihrer Zeit führe.[154] Dabei wird wenig Gefühl für personale Erzählpositionen, Ironie und marktorientiertes Schreiben bewiesen.

Als in *Die Waffen nieder!* Althaus' Sohn fragt, ob sie wohl alle Seiten des Themas beleuchtet habe, antwortet die Mutter: „Mein Lieber, wo denkst du hin? Ich habe ja nur sagen können, was sich in *meinem* Leben – in meinen beschränkten Erfahrungs- und Empfindungskreisen abspielt. [...] Was weiß ich z.B. – ich, die Reiche, Hochgestellte – von den Leiden, die der Krieg über die Massen des Volkes verhängt?"[155] Suttner war sich durchaus bewusst, dass ihre literarischen Texte vor allem auf Personenkreise in privilegierten Schichten verengt waren, die sie auch besser kannte, was ihrer Auffassung vom realistischen Schreiben entsprach. Ihr daraus einen Vorwurf zu machen, erscheint grotesk, weil sie die aristokratische Schicht sehr kritisch beschrieb, wovon nicht nur ihr Roman *High life* (1886) Zeugnis gibt. Auch in *Die Waffen nieder!* wendet sie sich gegen Kastenabsonderung und -privilegien. Sie selbst lernte im Kaukasus Bedürftigkeit kennen. Zu dem Honorar für ihren Romanerstling sinniert sie: „Neben der Ehre ist aber auch keine geringe Freude das Geld. Solche, die niemals Entbehrungen gelitten haben, die niemals in die Lage kamen, daß sie nicht wußten, wovon sie am kommenden Tage leben, wovon sie eine dringende Schuld zahlen würden, solche Leute wissen nichts von der Wonne, die in solchen Fällen eine hereingeschneite Summe bringt".[156]

Sie, die vom Schreiben lebte, stellte übrigens Karl Liebknecht den Abdruck ihres Erfolgsromans unentgeltlich für das sozialdemokratische Blatt *Vorwärts* zur Verfügung – und respektierte die sozialistische Bewegung. Man kann Suttner schwer vorhalten, der Armut des Proletariats ignorant gegenüberzustehen: „Daß die soziale Frage in gewaltiger Bedeutung unsere Gegenwart erfüllt und nach Lösung drängt – das kann doch niemand leugnen? Das Arbeitervolk ist es müde, zu leiden, und unter uns gibt es solche, die müde sind, es leiden zu *sehen.* Ich für meinen Teil kann nicht länger müßig zusehen, bei all den unnützen Schmerzen, Lasten und Gefahren, unter denen meine Mitgeschöpfe leiden."[157] So lautet eine von der Erzählhaltung unterstützte Aussage in *Marthas Kinder.* Sie wollte eine Kooperation der Friedensbewegung mit den Sozialisten wie in anderen Ländern erreichen. Manche ihrer Forderungen entsprachen ja genau denen der organisierten Arbeiterbewegung wie zum Beispiel Volksuniversitäten. Immerhin war für sie ja Bildung – in guter humanistischer Tradition – der Weg zur bestmöglichen Persönlichkeitsentfaltung jedes Menschen. Die Sozialdemokratie sah Suttner als wichtige Verbündete im Kampf gegen die Kriege. Sie achtete auch den Kampf gegen soziale Ungerechtigkeiten und sah die Gemeinsamkeiten wie den Internationalismus. Dementsprechend lobt sie in ihren *Randglossen* immer wieder Äußerungen von Wilhelm Liebknecht und August Bebel – und stand mit den Spitzen der deutschen Sozialdemokratie auch in Briefkontakt. Doch sie blieb auf Distanz zur organisierten Sozialdemokratie – als waschechte Liberale und Pazifistin konnte sie wenig mit Klassenkampf anfangen.

5.6 Eurozentrismus

Der Vorwurf eurozentrischen Denkens wird gerade angesichts ihrer Sichtweise auf die Bevölkerung Georgiens erhoben.[158] Es zeigt sich an manchen Stellen, dass ihre internationale Haltung vor allem Europa meint und weniger die ganze Welt. Ihre Solidaritäts- und

Friedensaufrufe sind immer wieder an die europäischen „Kulturnationen“ gerichtet. Bei ihren Forderungen nach Völkerbund und Frieden betont sie des Öfteren als Adressaten „zivilisierte“ Völker und schließt wohl viele außereuropäische Kulturen aus. Ihr Interesse und ihre Achtung konzentrierten sich insbesondere auf Westeuropa. So schrieb sie in ihren Romanen im Gegensatz zu ihrem Ehemann nie von ihren Erfahrungen im Kaukasus, sondern beschäftigte sich nur in wenigen Zeitungsartikeln mit Land und Leuten. In den sonst wohl sehr schöngefärbten Memoiren erinnert sie sich nicht immer positiv an Kutaissi, Tiflis und Sugdidi; sie beschreibt die Kulturen ausdrücklich als primitiv. Kultur misst sie gar am Grad des französischen Einflusses. Trotz ihres Leseeifers beschäftigte sie sich wenig mit georgischer oder russischer Literatur. Kennzeichnend dafür ist, dass sie erst 1888 die Schriften Tolstois kennengelernt hat. Die russische Sprache lernte sie nur wenig, die georgische und mingrelische gar nicht. Das Georgien des 19. Jahrhunderts bedeutete wohl für sie wie für viele Europäer einen schmerzlichen Kulturschock.

Suttner glaubte an unterschiedliche Entwicklungsstufen verschiedener Gesellschaften, die sich aber alle auf dem gleichen Weg des Fortschritts befanden. Für sie gab es Kulturen auf niedrigerem Niveau, die eben noch nicht die hohe Entwicklungsstufe mancher europäischen Länder erreicht hätten – obwohl „wir (also die Europäer) auf der Leiter der Wesen auch nicht die denkbar Vollkommensten sind.“[159]

Ihre Schriften können stellenweise fraglos als eurozentristisch, gar als eurochauvinistisch, eingestuft werden – Europa und seine Werte und Normen stehen unhinterfragt im Mittelpunkt ihres Denkens und bilden die Grundlage bei der Bewertung außereuropäischer Kulturen.

Doch in ihrer Kritik am europäischen Expansionismus stellt sie sich auf die Seite der Unterdrückten. So brandmarkte sie die Aufteilung Chinas unter europäischen Ländern als Verbrechen. Gemeinsam mit Henri Dunant, dem Begründer der Rotkreuz-Bewegung und ersten Friedensnobelpreisträger 1901, verfasste sie 1897 einen Aufruf „An die Völker im fernen Osten“: „Unsere sogenannte europäische Zivilisation kommt aus dem Orient. Sie sind uns einige Jahrhunderte voraus. Vor allem müssen wir erkennen und mit tiefer Traurigkeit eingestehen, daß unsere Ahnen jahrhundertelang sich allzu oft Ihnen gegenüber wie Barbaren benommen haben."[160] In Sachen Europa hält sie sich keineswegs mit Kritik zurück: „Unsere Zeit zivilisiert? Lächerlich!", schreibt sie an Fried 1899.[161] Genauso protestierte sie in einem Brief an den Freund, die koloniale Gewalt müsse verdammt werden: Wenn Europa vereint werde, „um *Raubpolitik* in Asien und Afrika zu vertreten, so bin ich dagegen. Auch die Kolonisierung muß auf das ethische Gebiet hinübergebracht werden, sonst sind wir mit uns selber in Widerspruch."[162] Für ihre Zeit war dies doch eine sehr kritische Sicht auf den sonst zumeist für selbstverständlich verstandenen europäischen Führungsanspruch.

6. Vermächtnis und Ausblick

Suttner kann vorbehaltlos gewürdigt werden – für ihre intellektuellen Leistungen in ihrer Publizistik sowie für die enorme Energie, mit der sie eine gute Sache vertrat und ein im 19. Jahrhundert hervorragendes und beeindruckendes Frauenleben schuf. Mir scheinen viele tradierten Vorwürfe durchwegs entkräftet, zumindest relativiert.

Die auch von ihr inspirierte Friedensbewegung hat viel erreicht: Waffenverbote, internationale Schiedsgerichtsbarkeit und Völkerrecht sind heute fest etabliert. In den Lehrplänen sind interkulturelle Kommunikation – also ein Nachfahre der von Suttner gewünschten Völkerverständigung – sowie Toleranz- und Friedenserziehung selbstverständlich vertreten. Dabei haben große Erfolge aus Suttners Zeit mitgeholfen: die Haager Friedenskonferenzen 1899 und 1907 stellten erste Ansätze eines verbindlichen Völkerrechts dar und hatten Vorbildwirkung für den Völkerbund und für die modernen Sicherheitsorganisationen. Friedensvereine und -institutionen wie in Bern und Monaco halfen einer Verbreitung des pazifistischen Gedankens – genau wie die Stiftung des Friedensnobelpreises, die sie mitangeregt hat. Der von ihr erträumte Staatenbund Europas ist entstanden und hat seine ersten wahren Krisen überlebt. Außerdem werden viele ihrer damals provokanten liberalen Ideen heute in Europa als vernünftige Einstellungen von Mehrheiten getragen.

Kriege fanden im 20. Jahrhundert nicht ihr Ende, wie Suttner gehofft hatte.[163] Vielmehr haben wir seit 2022 wieder mitten in Europa einen klassischen Krieg zwischen zwei großen Ländern mit jeweils vielen Verbündeten. Die Welt antwortete auf den Angriff durch Russland mit Aufrüstung und Waffenlieferungen, Atomwaffenarsenale werden nach langer Zeit wieder aufgestockt und viele Länder erhöhen ihren Wehretat um astronomische Summen. Liberale Errungenschaften werden in einflussreichen Staaten zurückgenommen.

Dies alles macht Suttners Ideen nicht nur wieder relevant, sondern von bitterer Aktualität – der Kampf für den Frieden und Gerechtigkeit ist nicht zu Ende. Ihr Engagement kann Vorbild und Inspiration für uns sein, offen für eine humanistische, solidarische und gewaltlose Gesellschaft einzutreten.

Zeittafel

1843	Geburt der Bertha Sophia Felicita Gräfin von Kinsky von Chinic und Tettau am 9. Juni in Prag; Vater: Franz Joseph Graf von Chinic und Tettau (1769–1843), ehemals k. u. k. Feldmarschallleutnant und Wirklicher Kämmerer Mutter: Sophie Wilhelmine geb. von Körner (1815–1884) Übersiedlung der Witwe mit ihren beiden Kindern nach Brünn zum Vormund Friedrich Landgraf zu Fürstenberg
1856	Übersiedlung nach Wien
1859	Übersiedlung nach Klosterneuburg bei Wien
1864–1871	Gesangsunterricht vor allem in Baden, Mailand und Paris
1873	Anstellung als Erzieherin und Gesellschafterin bei der Familie von Suttner in Wien bzw. Harmannsdorf, dort lernt sie Arthur Gundaccar von Suttner (geb. 1850) kennen
1876	Kurzer Aufenthalt in Paris bei Alfred Nobel Heirat mit Arthur Gundaccar von Suttner am 12. Juni in Wien Reise in den Kaukasus
1876–1885	Gemeinsames Leben in Mingrelien (Westgeorgien) Beginn der schriftstellerischen Tätigkeit
1885	Rückkehr nach Österreich Familienschloss der Suttners in Harmannsdorf bei Wien als ständiger Wohnsitz Besuch des Schriftstellerkongresses in Berlin
1886/87	Aufenthalt im Winter in Paris; hier erfährt Suttner vom Friedens- und Schiedsgerichtsverein
1889	Der Roman *Die Waffen nieder!* erscheint
1890/91	Aufenthalt in Venedig: dortige Friedensgesellschaft mitangeregt

1891	Einsatz zur Gründung einer Interparlamentarischen Gruppe Österreich Gründung des Vereins zur Abwehr des Antisemitismus in Wien u. a. mit Arthur Gundaccar von Suttner Gründung der Österreichischen Friedensgesellschaft, deren Präsidentin Suttner bis zu ihrem Tod bleibt 2. Weltfriedenskongress in Rom, wo sie den Österreichischen Friedensverein vertritt und ihre erste öffentliche Rede hält Eröffnung des Internationalen Friedensbüros in Bern mit Suttner als Vizepräsidentin
1892	Beginn der Herausgabe der Monatszeitschrift *Die Waffen nieder!* (bis 1899, redigiert von Alfred Hermann Fried), für die sie die *Randglossen zur Zeitgeschichte* schreibt 4. Weltfriedenskongress in Bern: Einreichung des Antrags „Europäischer Staatenbund" Unterstützung für Alfred Hermann Fried bei der Gründung der Deutschen Friedensgesellschaft in Berlin
1895	Gründung der ungarischen Friedensgesellschaft
1896	Tod Alfred Nobels, dessen Testament die nach ihm benannten jährlichen Preisverleihungen vorsieht
1898	Manifest des Zaren Nikolaus II. führt zur ...
1899	... Ersten Haager Friedenskonferenz über Abrüstung und Friedenssicherung, an der ein Ständiges Internationales Schiedsgericht eingerichtet wird
1902	Tod Arthur Gundaccar von Suttners am 10. Dezember Versteigerung des Gutsbesitzes Harmannsdorf wegen Überschuldung im Dezember Umzug nach Wien
1903	Teilnahme an der Eröffnung des von Fürst Albert I. gegründeten „Institut International de la Paix" in Monaco
1904	Besuch des Bostoner Weltfriedenskongresses Vortragsreise durch amerikanische Städte Empfang durch den Präsidenten Theodore Roosevelt in Washington

1905	Vortragsreise im Deutschen Reich Zuerkennung des Friedensnobelpreises am 1. Dezember
1906	Entgegennahme des Friedensnobelpreises Vortragsreise durch Skandinavien
1907	Teilnahme an der Zweiten Haager Friedenskonferenz
1912	Vortragsreise duch Amerika von der Ostküste bis Kalifornien von Juni bis Dezember
1913	Vorträge in Berlin, Den Haag, Paris u. a.
1914	Vorbereitungen zum Weltfriedenskongress in Wien Tod Bertha von Suttners am 21. Juni in Wien Einäscherung und Urnenaufstellung in Gotha

Anmerkungen

1 Zitiert nach Hamann 2002, 501f.

2 Zitiert nach Walter Bredendiek: Stimme der Vernunft und der Menschlichkeit. In: Internationales Institut für den Frieden (Hg.). Vermächtnis und Mahnung. Wien 1964, 13–44, hier 15.

3 Hamann 2002, 13.

4 Suttner 1968, 43.

5 Hamann 2002, 54.

6 Suttner 1968, 240.

7 Suttner 2006, 129ff.

8 Ebd., 196.

9 Ebd., 220.

10 Ebd., 224.

11 Ebd., 232.

12 Ebd., 251.

13 Ebd., 256.

14 Ebd., 377.

15 Ebd., 267.

16 Z. B. ebd., 287.

17 Hamann 2002, 172f.

18 Suttner 1968, 347.

19 Manfried Rauchensteiner: Der Erste Weltkrieg und das Ende der Habsburgermonarchie 1914 - 1918. Wien, Köln, Weimar: Böhlau 2013, 23.

20 Suttner 1917b, 217.

21 Suttner 1968, 256.

22 Zitiert nach Gunilla Budde: „Kein Blaustrumpf – Gott bewahre!“ Oder: Warum Bertha von Suttner es den Frauen nicht leicht macht. In: Lughofer (Hg.) 2010, 99–113, hier 108.

23 Ebd.

24 Verdiana Grossi: “She made of her life an opinion: her opinion made her life”. The Origins of Bertha von Suttner’s *Die Waffen nieder!* Through Her Peregrinations. In: Internationaler Bertha-von-Suttner-Verein (Hg.) 2007, 155–167, hier 161.

25 Suttner 1968, 43.

26 Ebd., 142f.

27 Alfred Hermann Fried: Bertha von Suttner. In: Ewald Binder und Albert Massiczek (Hg.): Die Zukunft gehört der Güte. Bertha von Suttner in ihren Schriften. Wien 1966, 235–236, hier 235.

28 Eva Görtz und Eva Schöck-Quinteros: Frauenbewegte Freidenkerinnen im Dialog zwischen alter und neuer Welt. Der Freidenker / Milwaukee als Ort transatlantischer Kommunkation. In: Eva Schöck-Quinteros, Anja Schüler, Annika Wilmers, Kerstin Wolff (Hg.): Politische Netzwerkerinnen. Internationale Zusammenarbeit von Frauen 1830–1960. Berlin 2007, S. 103–127.

29 Suttner 1968, 401.
30 Suttner 1888, 196.
31 Zitiert nach Christa Gürtler: Bertha von Suttner: Frauenfrage und Pazifismus. In: Lughofer/Pesnel (Hgg.) 2016, 77–91, hier 86.
32 Zitiert nach Hamann 2002, 98.
33 Zitiert nach ebd., 99.
34 Zitiert nach ebd., 110.
35 Ebd., 251.
36 Ebd., 308. Die Einschätzung ist genau genommen falsch, denn die Formel findet sich erst bei dem (zwar römischen, aber christlichen) Miltärschriftsteller Vegetius um 400 n. Chr. Für den Hinweis danke ich Hildegard Cancik-Lindemaier.
37 Suttner 1978, 40.
38 Christian Kirchmeier: Die Geburt des Pazifismus aus dem Geist des Kampfes. Bertha von Suttner als Darwinistin. In: Lughofer/Pesnel (Hgg.) 2016, 213–226, hier 214f.
39 Suttner 1907b, 98.
40 Suttner 1907a, 69.
41 Ebd., 71.
42 Suttner 2006, 64.
43 Suttner 1907a, 369.
44 Ebd., 320.
45 Ehrhard Bahr (Hg.): Was ist Aufklärung? Thesen und Definitionen. Stuttgart 1974, 9.
46 Zitiert nach Hamann 2002, 75.
47 Suttner 1899, 198f.
48 Ebd., 199.
49 Ebd., 203
50 Ebd., 224.
51 Ebd., 202.
52 Ebd., 201.
53 Ebd., 204.
54 Ebd., 236.
55 Ebd., 237.
56 Ebd., 204.
57 Suttner 1978, 106.
58 Zitiert nach Hamann 2002, 304.
59 Suttner 1899, 102f.
60 Ebd., 147.
61 Zitiert nach Hamann 2002, 280.
62 Charlotte Annerl: Bertha von Suttner und die These einer natürlichen weiblichen Friedfertigkeit. In: Internationaler Bertha-von-Suttner-Verein (Hg.) 2007, 131–141, hier 131.
63 Suttner 1917b, 319.

64 Gunilla Budde: „Kein Blaustrumpf – Gott bewahre!“ Oder: Warum Bertha von Suttner es den Frauen nicht leicht macht. In: Lughofer (Hg.) 2010, 99–113, hier 106.
65 Ebd., 194
66 Suttner 1968, 244.
67 Zitiert nach Hamann 2002, 214.
68 Suttner 1978, 229. Vgl. Gerhard Botz (Hg.): Eine zerstörte Kultur: Jüdisches Leben und Antisemitismus in Wien seit dem 19. Jahrhundert. Wien 2002.
69 Zitiert nach Hamann 2002, 217.
70 Suttner 1917a, 471.
71 Hamann 2002, 211.
72 Zitiert nach Hamann 2002, 219f.
73 Suttner 1899, 262.
74 Ebd., 324.
75 Ebd., 324f.
76 Suttner 1917b, 217.
77 Suttner 1899, 325.
78 Ebd., 325.
79 Ebd., 325f.
80 Suttner 2006, 160.
81 Ebd., 144.
82 Ebd., 220.
83 Ebd., 221f.
84 Ebd., 222.
85 Ebd., S. 224.
86 Ebd., S. 238.
87 Zitiert nach Brinker-Gabler (Hg.) 1982, 131.
88 Suttner 1907a, 101f.
89 Suttner 1899, 277f.
90 Gleichwohl war auch damals schon die Bejahung einer Auslese von sogenannten „Schwachen“ oder „Krüppeln“ aufgrund ihrer angeblichen Untüchtigkeit nicht mit dem humanistischen Prinzip menschlicher Würde vereinbar.
91 Suttner 1907a, 108.
92 Suttner 2006, 398.
93 Suttner 1895, 186.
94 Suttner 1912, 3.
95 Suttner 1899, 66.
96 Ebd., 49.
97 Ebd., 50.
98 Suttner 2006, 7.
99 Ebd., 25.
100 Suttner 1917b, 152.
101 Werner Wintersteiner: *Die Waffen nieder!* – Ein friedenspädagogisches Programm? Friedenserziehung in Österreich-Ungarn und im Deutschen

Reich am Vorabend des Ersten Weltkriegs. In: Internationaler Bertha-von-Suttner-Verein (Hg.) 2007, 107–130, hier 118.

102 Werner Wintersteiner: „Die Waffen nieder" – Ein immer noch zeitgemäßes Projekt. In Lughofer (Hg.) 2010, 193–210, hier 199.

103 Suttner 1917b, 161.

104 Ebd., 553.

105 Suttner 1968, 352.

106 Suttner 2006, 281.

107 Ebd., 285, 288f.

108 Ebd., 137.

109 Ebd., 144.

110 Ebd., 197.

111 Suttner 1968, 40.

112 Suttner 2006, 126.

113 Zitiert nach Hamann 2002, 220.

114 Suttner 1899, 6.

115 Ebd., 8.

116 Zitiert nach Hamann 2002, 433.

117 Suttner 2006, 165

118 Suttner 1917b, 131.

119 Ebd., 392.

120 Ebd., 518.

121 Suttner 1917b, 37.

122 Zitiert nach Hamann 2002, 278.

123 Zitiert nach ebd., 488.

124 Suttner 2006, 390.

125 Ebd., 400.

126 Suttner 1899, 190.

127 Ebd., 310.

128 Ebd., 311.

129 Ebd., 312.

130 Ebd.

131 Suttner 1917b, 131.

132 Ebd., 565.

133 Hamann 2002, 8.

134 Ebd., 52.

135 Christopher Clark: The Sleepwalkers. How Europe Went to War in 1914. London 2012.

136 Zitiert nach Hamann 2002, 8.

137 Zitiert nach ebd., 8f.

138 Carl von Ossietzky: „Das Tage-Buch, 4. Oktober 1924". In: Ein Lesebuch für unsere Zeit. Artikel, Rezensionen, Feuilletons 1911–1933. https://www.projekt-gutenberg.org/ossietzk/lesebuch/lesebuch.html (letzter Zugriff: 31.08.2023).

139 Kreisky und Löffler: Eine nicht politikwissenschaftsfähige Friedensvision? Einige Gründe, warum Bertha von Suttners Pazifismus nicht in den Ka-

non politischer Ideengeschichte gelangte. In: Lughofer (Hg.) 2010, 37–58, hier 40.

140 Ebd., S. 46.

141 Ebd., 51f.

142 Hamann 2002, 405.

143 Suttner 2006, 440.

144 Ebd., 24.

145 Suttner 1917b, 495.

146 Ebd., 510.

147 Ebd., 546.

148 Hamann 2006, 78f.

149 Zitiert nach ebd., 290.

150 Zitiert nach ebd., 290.

151 Ebd., 79.

152 Ebd., 136.

153 Evelyn Polt-Heinl: Zeitlos. Neun Porträts von der ersten Krimiautorin Österreichs bis zur ersten Satirikerin Deutschlands. Wien 2005, S. 23 und 25.

154 Z. B. Irmgard Hierdeis: Gefühle und Ahnungen. Eine persönliche Revue der Tendenzromane von Bertha von Suttner. In: Laurie R. Cohen (Hg.): *„Gerade weil Sie eine Frau sind...“* Erkundungen über Bertha von Suttner, die *un*bekannte Friedensnobelpreisträgerin. Wien 2005, 125–141.

155 Zitiert nach Kreisky und Löffler 2010 (Anm. 140), 50.

156 Hamann 2002, 72.

157 Zitiert nach ebd., 407.

158 Z. B. Maria Enichlmair: Abenteurerin Bertha von Suttner. Die unbekannten Georgien-Jahre 1876–1885. In: Lughofer (Hg.) 2010, 11–35, hier 22.

159 Suttner 1907a, 141.

160 Zitiert nach Hamann 2002, 255.

161 Zitiert nach Axel Rüdiger: „Pazifismus heißt es fortan – ebenbürtig den übrigen ‚ismen‘ Sozialismus, Feminismus etc.“ Ein politisches Essay über Bertha von Suttner. In: Lughofer (Hg.) 2010, 59–72, hier 60.

162 Zitiert nach Hamann 2002, 256.

163 Zitiert nach ebd.

Literaturverzeichnis

Biedermann (1995): Edelgard Biedermann, Erzählen als Kriegskunst. *Die Waffen nieder!* von Bertha von Suttner. Studien zu Umfeld und Erzählstruktur des Textes, Stockholm.

Biedermann (2001): Edelgard Biedermann (Hg.), Chère Baronne et Amie – Chèr Monsier et Ami. Der Briefwechsel zwischen Alfred Nobel und Bertha von Suttner, Göttingen.

Brinker-Gabler (1982): Gisela Brinker-Gabler (Hg.), Kämpferin für den Frieden. Bertha von Suttner, Frankfurt am Main.

Cohen (2005): Laurie R. Cohen (Hg.), *„Gerade weil Sie eine Frau sind …“* Erkundungen über Bertha von Suttner, die *un*bekannte Friedensnobelpreisträgerin, Wien.

Enichlmair (2005): Maria Enichlmair, Abenteurerin Bertha von Suttner: Die unbekannten Georgien-Jahre 1876 bis 1885. Maria Enzersdorf.

Götz (1996): Christian Götz, Die Rebellin Bertha von Suttner. Botschaften für unsere Zeit, Dortmund.

Gürtler u. Schmid-Bortenschlager (1998): Christa Gürtler u. Sigrid Schmid-Bortenschlager, Eigensinn und Widerstand. Schriftstellerinnen der Habsburgermonarchie, Wien.

Hamann (2002): Brigitte Hamann: Bertha von Suttner. Ein Leben für den Frieden, München.

Internationaler Bertha-von-Suttner-Verein (Hg.) 2007: Friede – Fortschritt – Frauen. Friedensnobelpreisträgerin Bertha von Suttner auf Schloss Harmannsdorf. Wien, Berlin.

Kempf (1964): Beatrix Kempf, Bertha von Suttner. Das Lebensbild einer großen Frau: Schriftstellerin, Politikerin, Journalistin, Wien.

Lughofer (2010): Johann Georg Lughofer (Hg.), Im Prisma: Bertha von Suttner: „Die Waffen nieder!“, Wien, St. Wolfgang.

Lughofer (2016): Johann Georg Lughofer u. Stéphane Pesnel (Hgg.): Literarischer Pazifismus und pazifistische Literatur. Bertha von Suttner zum 100. Todestag, Würzburg.

Lughofer (2017): Johann Georg Lughofer u. Milan Tvrdík (Hgg.), Bertha von Suttner im KonText. Interdiziplinäre Beiträge zu Werk und Leben der Friedensnobelpreisträgerin, Heidelberg.

Müller-Kampel (2005): Beatrix Müller-Kampel (Hg.), „Krieg ist der Mord auf Kommando“. Bürgerliche und anarchistische Frie-

denskonzepte. Bertha von Suttner und Pierre Ramus, Nettersheim.
Skorupa (2008): Holger Skorupa, Der Pazifismus der Bertha von Suttner. Quellen, Herkunft und Charakteristika ihrer Friedenspolitik, Norderstedt.
Steffahn (1998): Harald Steffahn, Bertha von Suttner, Reinbek bei Hamburg.
Suttner (1895): Bertha von Suttner, Krieg und Frieden, Berlin.
Suttner (1899): Bertha von Suttner, Das Maschinenzeitalter. Zukunftsvorlesungen über unsere Zeit, Dresden, Leipzig.
Suttner (1906): Bertha von Suttner, High Life. Gesammelte Schriften, Bd. 1, Dresden.
Suttner (1907a): Bertha von Suttner, Inventarium einer Seele. Gesammelte Schriften, Bd. 6, Dresden.
Suttner (1907b): Bertha von Suttner, Daniela Dormes. Gesammelte Schriften, Bd. 7, Dresden.
Suttner (1912): Bertha von Suttner, Aus der Werkstatt des Pazifismus, Leipzig und Wien.
Suttner (1917a): Bertha von Suttner, Der Kampf um die Vermeidung des Weltkriegs: Randglossen aus zwei Jahrzehnten zu den Zeitereignissen vor der Katastrophe (1892–1900 und 1907–1914). Band I: Von der Caprivischen Heeresvermehrung bis zum Transvaalkrieg. Hg. von Alfred H. Fried, Zürich.
Suttner (1917b): Bertha von Suttner, Der Kampf um die Vermeidung des Weltkriegs: Randglossen aus zwei Jahrzehnten zu den Zeitereignissen vor der Katastrophe (1892–1900 und 1907–1914). Band II: Von der zweiten Haager Konferenz bis zum Ausbruch des Weltkrieges. Hg. von Alfred H. Fried, Zürich.
Suttner (1968): Bertha von Suttner, Lebenserinnerungen, Berlin.
Suttner (1978): Bertha von Suttner, Die Waffen nieder! Ausgewählte Texte. Hg. von Klaus Mannhardt und Winfried Schwamborn, Köln.
Suttner (2006): Bertha von Suttner, Die Waffen nieder! Eine Lebensgeschichte. Hg. und mit einem Nachwort von Sigrid und Helmut Bock, Husum.

Bei den Werken Suttners wurde soweit möglich versucht, auf in Bibliotheken bzw. im Buchhandel erhältliche Leseausgaben bzw. die *Gesammelten Schriften* zurückzugreifen.

Ihr reichhaltiger Nachlass findet sich unter *Fried/Suttner Papers* vorbildlich digitalisiert auf der Website der United Nations Geneva, library and archives.

Verzeichnis der Abbildungen

Umschlagbild: Bertha von Suttner 1900, Library of Congress https://commons.wikimedia.org/wiki/File:Baroness_von_Suttner_LCCN2014687500.jpg?uselang=de

Abb. 1: Suttner-Briefmarke 2005 https://commons.wikimedia.org/wiki/File:DPAG-2005-Bertha-VonSuttner.jpg

Abb. 2: Bertha-von-Suttner-Denkmal in Wien https://commons.wikimedia.org/wiki/File:Suttner_kun_infanoj.JPG

Abb. 3: Bertha von Suttner 1860er Jahre https://commons.wikimedia.org/wiki/File:Bertha_von_Suttner_1860s.jpg

Abb. 4: Alfred Nobel https://commons.wikimedia.org/wiki/File:AlfredNobel_adjusted.jpg

Abb. 5: Hybridroman *Die Waffen nieder!* Nachdruck Omnium Verlag, München 2015

Abb. 6: Bertha von Suttner 1896 https://commons.wikimedia.org/wiki/File:Bertha_von_Suttner.png

Abb. 7: Charles Darwins *Origin of Species*, 1859

Abb. 8: Nach einem Vortrag zu Frieden und Frauenrechten, Amsterdam 1913 https://commons.wikimedia.org/wiki/File:Bertha_von_Suttner,_eene_voordracht_houdende_over_de_Vrede_en_de_Vrouwen beweging,_1913.jpg

Abb. 9: Arthur Gundaccar von Suttner https://commons.wikimedia.org/wiki/File:Arthur_Gundaccar_von_Suttner.jpg

Abb. 10: Bertha von Suttner 1906 https://commons.wikimedia.org/wiki/File:Bertha-von-Suttner-1906.jpg

Abb. 11: Bertha von Suttner 1905 https://commons.wikimedia.org/wiki/File:Bertha_von_Suttner_nobel.jpg

Abb. 12: Bertha von Suttner 1911 https://commons.wikimedia.org/wiki/File:Bertha_von_Suttner_(1843%E2%80%931914)_Pazifistin,_Schriftstellerin.jpg

Dank

Herzlich bedanke ich mich bei den langjährigen kritischen Erstleser*innen meiner Texte, die oft zu bedeutenden Verbesserungen beigetragen haben, insbesondere Dr. Kristian Donko, Mag. Otto Leopold Tremetzberger und meiner Schwester Mag. Ingrid Lughofer. Dank gebührt auch der Lektorin Doris Schemmel für ihre ausgezeichnete und engagierte Arbeit.

Der vorliegende Band berührt sich teilweise mit Stellen aus meinen zahlreichen Artikeln zu Bertha von Suttner.

Vielleicht inspiriert der Band dazu, sich mit dem Werk Bertha von Suttners auseinanderzusetzen, und vielleicht trägt er dazu bei, historische ebenso wie aktuelle Überlegungen zum Frieden und Humanismus besser zu verstehen – und darüber hinaus aktiv friedensbewegte und toleranzfördernde Kooperationen zu unterstützen. Im Sinne von Bertha von Suttner wäre dies allemal.

Über den Autor

Johann Georg Lughofer, Assoc. Prof. MMag. Dr. MA (Exeter). Studium der Germanistik, Geschichte, Politikwissenschaften und Philosophie in Wien, Granada, Nizza und Exeter; lehrt seit 2005 an der Univerza v Ljubljani, Slowenien – dort 2009 Habilitation – nebenbei Lehraufträge und Gastprofessuren an den Universitäten Maribor, Stellenbosch, Wien, Klagenfurt, Graz und Innsbruck.

HUMANISTISCHE PORTRÄTS

Birgit Dahlke

Christa Wolf
(1929–2011)
Antifaschistin
Humanistin
Sozialistin

98 Seiten | Broschur
Format 13,5 x 21 cm | ISBN 978-3-8260-6822-5
Humanistische Porträts Band 1

Volker Riedel

Heinrich Mann
(1871–1950)
Zwischen
„Macht der Güte"
und „Diktatur der
Vernunft"

82 Seiten | Broschur
Format 13,5 x 21 cm | ISBN 978-3-8260-6885-0
Humanistische Porträts Band 2

Uwe Plath

**Sebastian Cas-
tellio**
(1515–1563)
Vorkämpfer für
Toleranz im
konfessionellen
Zeitalter

92 Seiten | Broschur
Format 13,5 x 21 cm | ISBN 978-3-8260-6982-6
Humanistische Porträts Band 3

Adriane Feustel

Alice Salomon
(1872–1948)
Sozialreformerin und
Frauenrechtlerin

80 Seiten | Broschur
Format 13,5 x 21 cm | ISBN 978-3-8260-6886-7
Humanistische Porträts Band 4

Jürgen Trabant

**Wilhelm
von Humboldt**
(1767–1835)
Menschen
Sprachen Politik

110 Seiten | Broschur
Format 13,5 x 21 cm | ISBN 978-3-8260-7149-2
Humanistische Porträts Band 5

Enno Rudolph

**Niccolò
Machiavelli**
(1469–1527)
Historische
Vernunft und
politische Macht

82 Seiten | Broschur
Format 13,5 x 21 cm | ISBN 978-3-8260-6730-3
Humanistische Porträts Band 6

Hubert Cancik

Marcus Tullius Cicero
(106–43 v. u. Z.)
Ein Anfang des europäischen Humanismus

70 Seiten | Broschur
Format 13,5 x 21 cm | ISBN 978-3-8260-6870-6
Humanistische Porträts Band 7

Brunhilde Wehinger

Voltaire
(1694–1778)
Schriftsteller, Intellektueller, Menschenfreund

110 Seiten | Broschur
Format 13,5 x 21 cm | ISBN 978-3-8260-7884-2
Humanistische Porträts Band 10

Madleen Podewski

Heinrich Heine
(1797–1856)
Emanzipation in Zeiten des Umbruchs

94 Seiten | Broschur
Format 13,5 x 21 cm | ISBN 978-3-8260-7071-6
Humanistische Porträts Band 8

Oliver R. Scholz

Immanuel Kant
(1724–1804)
Aufklärer und Kosmopolit

IN VORBEREITUNG

ca. 80 Seiten | Broschur
Format 13,5 x 21 cm | ISBN 978-3-8260-8744-8
Humanistische Porträts Band 11

Alexander Wierzock

Ferdinand Tönnies
(1855–1936)
Soziologe und Ethiker

98 Seiten | Broschur
Format 13,5 x 21 cm | ISBN 978-3-8260-7573-5
Humanistische Porträts Band 9

K&N

Verlag Königshausen & Neumann GmbH | Leistenstr. 7 | D-97082 Würzburg
Tel. (09 31) 32 98 70-0 | Fax (09 31) 32 98 70-29 | www.koenigshausen-neumann.de